KB220484

생명력이 넘치는

# 기독대안학교
# 이야기

생명력이 넘치는
# 기독대안학교
# 이야기

지은이 | 기대연 출판부
기획 | 기대연 정책위원회 연구팀
펴낸이 | 원성삼
표지디자인 | 한영애
펴낸곳 | 예영커뮤니케이션
초판 1쇄 발행 | 2022년 9월 6일
등록일 | 1992년 3월 1일 제 2-1349호
주소 | 03128 서울시 종로구 대학로3길 29, 313호(연지동, 한국교회100주년기념관)
전화 | (02) 766-8931
팩스 | (02) 766-8934
이메일 | jeyoung@chol.com
ISBN 979-11-89887-50-6  (04370)
        978-89-8350-738-9 (세트)

값 15,000원

 모든 인간은 하나님의 형상을 닮은 존귀한 존재입니다. 사람은 인종, 민족, 피부색,
문화, 언어에 관계없이 모두 다 존귀합니다. 예영커뮤니케이션은 이러한 정신에 근
거해 모든 인간이 존귀한 삶을 사는 데 필요한 지식과 문화를 예수 그리스도의 사랑으로 보급
함으로써 우리가 속한 사회에 기여하고자 합니다.

생명력이 넘치는

# 기독대안학교
# 이야기

**기대연 출판부 지음 | 기대연 정책위원회 연구팀 기획**

예영

차례

# 생명력이 넘치는
# 교육 이야기

기대연 정책위원회 팀장 이인희

고등학교에 다닐 때 있었던 일입니다. 꿈의학교 학생들과 마찬가지로 적성과 진로에 대해 고민하던 시절이었습니다. 이러한 고민을 하는 가운데 한 편의 영화를 보게 되었습니다. 그 영화는 제가 교사로서 길을 걷는 데 결정적인 영향을 주었습니다. 게다가 그 영화는 꿈의학교 교사로서 20년 동안 어디를 향해 걸어가야 할지 고민이 될 때마다 방향을 잡아주기도 했습니다.

"죽은 시인의 사회"

이 영화는 100년을 이어온 명문 사립고등학교의 권위적이고 폐

쇄적인 교육에 맞선 학생들과 키팅 선생님의 사제(師弟)간의 사랑을 그린 것입니다. 특히, 키팅 선생님의 교육적 철학과 실천은 가히 충격적이었고 동시에 권위적이고 폐쇄적인 교육 환경에서 공부하고 있던 저에게 묘한 카타르시스를 주었습니다.

키팅 선생님은 학생들에게 전통성보다 주체성이 중요하다는 사실을 알려주기 위해 학생들을 교정에 모이게 했습니다. 여러 남학생 중, 세 명의 남학생을 지목하여 교정을 걷게 했습니다. 학생들은 주위를 의식하지 않고 자기 리듬에 맞게 자연스럽게 걸었습니다. 보폭도, 걷는 속도도 심지어 자세까지도 모두 달랐습니다.

이를 지켜보던 학생들 중 몇 명이 갑자기 박수를 치기 시작했습니다. 이내 두 명의 남학생이 발을 맞춰 걸었습니다. 키팅 선생은 기회를 놓치지 않고 "왼발, 오른 발, 왼발, 오른 발"을 외치며 세 학생과 함께 행렬에 참여했습니다. 주위에 있던 모든 학생이 박수를 치며 한 목소리로 구령을 외쳤습니다.

구령 소리가 커지자 이내 자신만의 길을 걷던 한 학생마저 두 명의 학생과 발을 맞춰 걷기 시작했습니다. 드디어 세 명 모두 발을 맞춰 걸어갔고, 보고 있던 학생들은 박자에 맞게 구령을 외쳤습니다. 누구도 시키지 않았지만 모두가 같은 보폭, 같은 속도로 같은 방향으로 걷기 시작했습니다.

이제 걷는 학생들조차 구령을 맞춰 걷는 것이 편안해 보였습니다. 그런데 그 순간 키팅 선생님은 "중지!(stop)"를 외쳤습니다. 순간 모든 것이 정지 화면처럼 되었습니다. 흥이 깨진 학생들은 모두 키팅 선생님을 주목했습니다. 이어 키팅 선생님은 학생들에게 심오한 이야기를 들려주었습니다.

"처음에 너희들은 모두 각자의 리듬으로 걸었다. 그러나 주위에서 박자를 맞춰 구령을 붙이자 모두가 박자에 맞춰 걷기 시작했다. 분위기가 그렇게 되니 자신의 걸음걸이를 고친 것이다. 곧 자신을 잃어버린 것이다. 자신의 리듬, 자신의 속도를 잃어서는 안 된다. 자! 각자의 걸음을 자연스럽게 걸어라."

저는 이 영화가 지닌 철학적 문제는 차치하고 영화 속 키팅 선생님처럼 학생들에게 영향력을 주고 싶은 마음에 교사가 되었습니다. 대안학교 교사로 지내는 동안, 키팅 선생님이 들려 준 "각자의 걸음을 자연스럽게 걸어라"는 음성은 세속적 속임수가 들릴 때마다 대안학교가 걸어가야 할 길에 대한 이정표가 되어 주었습니다.

어쩌면 수많은 대안학교 교사들은 '각자의 걸음'을 잃어버린 학생들에게 '각자의 걸음'을 걸을 수 있도록 용기를 내어 '중지'를 외친 이들일지도 모릅니다. 대안교육은 이러한 교사들이 모여 정해진 길이 아닌 새로운 길을 창조하기 위한 도전일지도 모릅니다.

현재 공교육 정상화를 위한 교육 당국의 노력에도 불구하고 여전히 학교를 떠나는 학생들이 증가하고 있으며 학교생활에 불만을 표하는 학생들이 늘고 있습니다. 이런 위기의 원인은 학교 생태계가 다양성과 창의성 교육을 지향하기보다는 줄 세우기식 입시 교육을 고수하기 때문이라고 생각합니다.

특히, 우리 학생들이 맞이할 사회는 기성세대와는 전혀 다릅니다. 직업에 있어서도 대학 전공으로 평생 직업이 결정되는 경우보다 다양한 직업을 경험하게 될 것입니다. 이런 다양한 사회 변화 속에서 학생들에게 교육이라는 이름으로 오직 한 가지 정형화된 길만을 제시하는 것은 일종의 폭력입니다.

대안교육은 학생들이 행복한 미래교육을 실현하고자 하는 노력입니다. 다양성과 창의성이 존중되는 교육을 구현하여 모두가 행복한 교육을 통해 단 한 명의 학생도 소외되지 않는 교육생태계를 형성하는 데 있습니다. 따라서 단 한 명의 학생을 위해서라도 더 많은 대안교육이 일어나야 할 것입니다.

올해도 여전히 사방에서 '입시를 향하여'라는 세상 구령 소리와 박수 소리가 들립니다. 세상 구령에 비틀거릴 수도 있고 좁은 길을 걷는 것이 위험해 보일 수도 있습니다. 하지만 대안교육을 하자고 하는 이들이 잊지 말아야 할 것은 반칠환 시인의 고백처럼 기적은 자신의 길을 걸을 때 시작된다는 사실입니다.

새해 첫 기적 / 반칠환

황새는 날아서

말은 뛰어서

거북이는 걸어서

달팽이는 기어서

굼벵이는 굴렀는데

한날한시 새해 첫날에 도착했다

바위는 앉은 채로 도착해 있었다

# 기독대안학교
# 학생 이야기

# 꿈의학교

2002년부터 시작한 꿈의학교는 서산시 대산읍 영탑리 5만 평의 숲 속에 위치한 전원 기숙형 대안학교다. 학교 반경 약 4km가 모두 논과 밭, 임야로 둘러싸여 있고, 지역 주민 모두 농업에 종사하는 한적한 시골 마을이다. 물품을 구입할 수 있는 읍내까지 걸어서 한 시간 정도 걸리는 외딴 곳으로 유해 환경에서 완전히 차단되어 자연 속에서 마음껏 뛰놀 수 있다.

중등과정 3개 학년, 고등과정 3개 학년, 총 280여 명이 전원 기숙 생활을 하고 있다. 학생들의 생활 터전인 생활관은 3인 또는 4인 1실로 생활하면서 다양한 상황 속에서 공동체로 살아가는 법을 배운다. 남·녀 각 5명의 생활관 교사가 20-25명의 학생들을 담당하며 방과 후 생활 교육, 자기주도학습 및 가족·진로 상담을 담당한다. 단순히 수업을 마친 후 잠자는 곳이 아닌 생활, 인격, 자율학습이 이루어지는 전인격 교육의 공간이기에 기숙사라 하지 않고 생활관이라 불린다.

70여 명의 교직원이 학교 주변에 함께 거주하며 마을을 이루고 사는 학습 & 생활 공동체의 성격을 띠고 있으며 지속적인 교과 교사, 생활 담당 교사와의 미팅으로 학생의 학습과 생활을 점검하고 지도할 수 있는 강점이 있다. 학원 강의 및 과외를 받을 수 없는 지역적 한계를 극복하고, 배움의 즐거움을 가르치기 위해 방과 후 언제든 원하는 선생님을 찾아가 학습 지도를 받을 수 있도록 2014년부터 교과 교실을 운영하고 있으며 교사 주도가 아닌 학생 중심의 학습이 이루어질 수 있도록 '학습코칭'을 실시하고 있다.

지역적 한계를 극복하기 위해 다양한 분야에서 활동하고 있는 명사들을 학기별로 선정하여 인물을 연구하고, 직접 초청하여 강의를 듣고 질문하는 시간을 갖는다. 이 외에 지역마을 섬기기, 농사, 방학을 이용한 해외 봉사활동 등을 통해 지역과 세계에 관심을 갖고 진로를 발견할 수 있도록 여러 가지 방법으로 접근하고 있다.

중등과정에서는 통합독서과정으로 독서를 기반으로 교과 수업을 과감하게 통합하여 운영하고 있고 고등과정에서는 인문/자연/예술/국제 계열로 나누어 각자의 진로에 맞는 수업과 활동을 통해 상급학교 진학을 준비한다. 2018년부터는 대학 교육의 새로운 모델을 제시하고자 대안대학을 자체적으로 설립하여 운영 중에 있다.

꿈의학교 이야기는 중학교 1학년에 입학하여 중등과정을 마치고 고등과정 2학년에 재학 중인 '백이레' 학생이 전해주었다.

[도주안] 대안학교를 어떻게 알게 되셨나요?

[백이레] 원래부터 대안학교에 관심이 있지 않았고, 잘 알지도 못했어요. 그냥 일반 고등학교와는 다른 학교? 이 정도로 생각했던 것 같아요. 그런데 두 살 위의 사촌오빠가 다니고 있던 학교가 바로 꿈의학교였고, 오빠의 영향으로 초등학교 대상으로 방학 때마다 열리는 독서캠프를 참여하면서 처음으로 알게 되었어요.

[도주안] 학교를 지원하게 된 동기(대안학교를 다니는 이유)는 무엇인가요?

[백이레] 처음부터 꿈의학교를 오려고 준비하지는 않았어요. 미술 쪽

으로 입시를 준비하고 있었죠. 저는 주입식으로 공부만 하는 중·고등학교 시절을 보내고 싶지 않았고, 행복하게 많은 것들을 누리고 배우는 생활을 하고 싶었어요. 그래서 꿈의학교에 계속 마음이 갔어요. 어렸을 때부터 꾸준히 준비한 입시를 포기한다는 것이 마음이 안 좋아 몇 주간 계속 두 학교를 두고 고민했지만 결국 꿈의학교를 선택하게 되었어요.

[도주안] 처음 입학했을 때, 부모님과 떨어져서 지내는 것이 힘들지는 않으셨나요?

[백이레] 당연히 쉽지만은 않았어요. 학교를 입학하고 며칠 동안은 눈물로 밤을 보내기도 했어요. 더군다나 저는 외동이라서 부모님과 떨어져 지낸 시간이 거의 없었기에 더 힘들었고, 처음 보는 사람들과 지낸다는 것도 쉽지는 않았어요. 부모님과 떨어져 지내는 것은 꿈의학교가 처음이기도 했고요. 하지만 시간이 지나고 보니 점점 학교생활에 적응도 되고 관계도 깊어졌고 그래서 지금은 힘들지 않은 것 같아요.

[도주안] '대안학교'에 대한 주변의 사회적 편견은 없었나요?

[백이레] 대부분 제 선택을 이해해주고 응원해주셨지만 다 그런 것만은 아니었어요. "일반 중학교(공교육을 하는 학교)에 가도 잘할 것 같은데 왜 군이 대안학교를 선택하냐!"라고 말씀하신 분들도 계셨고요. 저도 제 선택에 대해 무너질 때도 있었어요. 그래도 부모님이 전적으로 지지해주시고 제 길에 대해 기도를 꾸준히 해주셨기에 지금의 제가 있는 게 아닐까 싶어요.


[도주안] 학교 분위기는 어떤가요?

[백이레] 전체적인 환경도, 사람들과의 관계도, 하나님과의 관계도 일반 학교와는 다른 것 같아요. 행복과 슬픔을 느끼면서 함께 울고 웃으며 살아가는 대가족 같은 곳이죠. 어떠한 순간에도 '함께함'의 온기를 잃지 않는 그런 특별함이 꿈의학교 안에 존재하는 것 같습니다.


[도주안] 학생 자치 활동은 어떤 것들이 있나요?

[백이레] 크게는 세 가지가 있는데요. 전교회장단, 학생회, 자치회로 나뉘어요. 전교회장단은 학생회장과 부회장, 회계가 있는

데 저는 선생님들과 함께 학교를 이끌어가는 리더 자리를 맡고 있어요. 학생회는 각종 부서(문예부, 생활부, 영성부, 캠페인부, 학습부, 환경부, 언론부, 사도부)와 전교회장단으로 구성되어 있어요. 학생회도 마찬가지로 전체적으로 학교 활동을 이끌죠. 마지막으로 자치회는 기숙사 내에서 생활담임 선생님들과 함께 리더 역할을 맡고 있어요. 그 밖에도 예배를 섬기는 찬양팀, 각종 동아리를 지도하는 동아리연합회, 방송 담당의 미디어부, 방송부 등이 있어요.

[도주안] 동아리 활동은 어떤 것들이 있나요?

[백이레] 꿈의학교는 동아리가 정말 많아요. 동아리 활동은 크게 예술계열, 음악계열, 기술계열, 요리계열로 분류되어 있어요. 그 안에는 로켓, 건축, 밴드, 연극, 영화, 브랜드, 베이킹, 카페, 컬러링북, 합주, 예술경영, 디자인, 철학, 작곡, 댄스, 컴퓨터 공학, 영화 토론, 찬양 동아리 등 정말 다양한 동아리가 있습니다. 각종 동아리는 동아리 장이 각 동아리를 맡고 있고, 저도 컬러링북 동아리를 지도하고 있어요. 또한 학생이 직접 동아리를 창설할 수 있는 등 정말 다양하게 동아리 활동을 누릴 수 있어요.

[도주안] 기숙사의 분위기는 어떤가요?

[백이레] 여자 기숙사, 남자 기숙사의 분위기가 다르겠지만 남녀 모두에게 기숙사라는 곳은 마치 쉼터 같은 곳이 아닐까 싶어요. 남자, 여자 기숙사 모두 '목장'이라는 5, 6개의 모임 안에 나누어져서 지내게 되는데요, 방도 같은 학년끼리 한 방을 사용하는 게 아니라 선후배가 함께 방을 사용하고 또 여러 목장으로 나뉘어 있기 때문에 언니, 동생들과 함께 살아가는 동안 쉼과 미운 정, 고운 정을 쌓아가며 유대감이 있는 '함께함'의 온기가 커지는 집 같은 분위기인 것 같아요.

[도주안] 기숙사의 장단점은 무엇이 있나요?

[백이레] 장점은 아까도 말씀드렸듯이 동생과 언니처럼 언제나 함께 생활할 수 있는 또 다른 가족이 많이 생겨 좋고, 수업할 때 잘 보지 못한 친구들을 기숙사에서는 마음껏 볼 수 있어서 좋았어요. 그리고 그렇게 친구들과 늘 함께 지내고 추억을 새롭게 만들어가는 점이 장점인 것 같고, 동시에 혼자만의 시간이 필요하거나 혼자 있고 싶을 때 그럴 수 없다는 단점도 있는 것 같아요. 모든 것에 장점만 존재하지는 않으니까요. 하지만 단점을 잘 보완하다 보면 언젠가 단점은 장점으

로 바뀌는 날이 오겠죠.

[도주안] 꿈의학교 중등(DJ)생활과 고등생활의 특징 및 차이점은 어떤 것들이 있나요?

[백이레] 저는 중학교 시절부터 5년간 꿈의학교에 재학 중인데요, 중고등 둘 다 3년의 생활로 이루어져 있고 중등 3년을 보내고 고등으로 바로 진학을 하거나 학교를 졸업하고, 다른 고등학교로 진학하는 방법이 있어요.

먼저 중등생활은 새로운 환경에서 부모님을 떠나 자신이 주도적으로 사회생활을 해나가는 것을 배우고, 공동체와 함께 살아가는 법과 타인을 존중하고 배려하는 법을 배우는 시간이에요. 중등생활 때는 확실히 학교생활에 적응하는 단계라고 볼 수 있어요.

고등생활에서는 내가 좋아하는 것, 내가 하고 싶은 것을 찾아가며 성장하는 시간, 자신만의 일을 맡아 책임감을 가지고 리더의 자리를 이끌며 그동안 배운 것을 나누고 다른 사람에게 섬기는 시간이에요.

그리고 고등은 DCC(대안대학 교육과정), 국내계열, 국제계열, 예술계열로 나누어지고 계열별 수업을 학생들이 직접 신청하여 자신의 진로를 정해가요.

[도주안] 방과 후에는 어떤 활동들을 하나요?

[백이레] 방과 후 시간은 자신만의 자유시간이라 말할 수 있는데요. 도서관에 가서 책도 읽고, 운동도 하고, 부족한 공부를 하며 담당 선생님께 코칭도 받고, 동아리나 부서 모임이 있다면 모임도 참여하는 시간이에요.

그리고 '특기적성'이라는 것이 있는데요. 각종 악기나 미술, 사진 등 자기가 원하는 것, 배우고 싶거나 더 깊이 알고 싶은 것을 담당 선생님께 자유롭게 찾아가서 배우고 경험하며 지식과 경험을 쌓아가요.

[도주안] 학교생활을 하면서 힘들었던 점은 무엇이었나요?

[백이레] 아무래도 관계가 가장 힘들었던 것 같아요. 처음 보는 사람들과 함께 살아가야 해서 부딪히는 점들도 여럿 있었어요. 하지만 시간이 지나며 서로에 대해 알아가다 보니 서서히 그 장벽과 오해도 풀리게 되었어요. 그러한 과정 속에서 더 가까워지게 되죠. 무엇과도 바꿀 수 없는 인생의 동역자를 만날 수 있는 곳이 바로 꿈의학교 같아요.

[도주안] 대안학교 커리큘럼에 대해서는 어떻게 생각하시나요?

[백이레] 꿈의학교의 커리큘럼은 주입식이 아닌 자기주도 형식이며, 어떤 활동을 할 때는 혼자가 아니라 다 같이 해나가요. 공동체의 힘을 배우는 거죠. 그만큼 성취도와 만족감도 높아져요. 틀에 박힌 공부가 아닌 자유롭게 공부하고, 축제와 체육대회, 봉사활동, 학술제와 여러 공모전 등을 다양하게 체험하며 학습할 수 있을 뿐더러 혼자가 아니라 함께하며 선생님과 우리가 함께 만들어가는 가치가 혼자 해내는 가치보다 몇 배는 크다는 것을 배우는 것 같아요. 직접 보고 느껴보지 않고서는 자세히 알 수 없는 것이 무슨 의미인지 알 것 같아요.


[도주안] 꿈의학교에서 만났던, 기억에 남는 선생님 혹은 선배가 있나요?

[백이레] 제가 중학교 1학년 때였어요. 저희 학교는 6월쯤에 일주일 동안 특정 지역을 완주하는 국토사랑행진이 있는데요, 처음 해보는 행진 때, 다리가 너무 아파 움직이지 못하고 있었어요. 그때 고3 선배인 '사랑하는'님이 괜찮냐고 물어봐주시며 제 다리를 주물러주셨어요. 제대로 걷지도 못하는 저를 보건실에서 치료받을 수 있도록 도와주신 것이 가장

기억에 남았어요. 그리고 저는 그때 그 선배 같은 선배가 되고 싶다 생각하며 살았죠. 지금도 노력 중이지만요.

제 인생 선생님은 너무 많이 존재하시는데요. 중1 때부터 고1까지 4년간 함께하시고 늘 힘들 때마다 생각나는 이원택 선생님, 특유의 유머 감각으로 항상 저를 웃게 해주시는 황수연 선생님, 학교에서 엄마가 되어 주시는 예지선 선생님이 가장 기억에 남습니다.


[도주안] 기독교 대안교육이 필요한 이유는 무엇인가요?

[백이레] 요즘 기독교가 많이 탄압되고 있다는 뉴스가 많이 떠요. 코로나로 인해 그런 눈길이 생긴 것일 수도 있겠죠? 예배가 줄어가고 하나님으로부터 멀어져 가는, 점점 변해 가는 세상 속에서 하나님을 믿는 사람으로서 어떻게 살아야 할지 배우고, 아직 어리지만 그래도 성장하고 있는 청소년 시기에 믿음을 지켜나갈 수 있어야 저희 삶이 믿음 안에서 흔들림이 없고 굳건하게 살아갈 수 있기에 꼭 필요하다고 생각해요. 그리스도인이 세상을 하나님께로 다시 돌려놓으려면 우리부터 믿음 안에서 하나 되어야 하니까요. 그게 바로 저희가 이렇게 남들과 다른 기독교 대안교육을 선택한 이유

가 되지 않을까 생각합니다.

[도주안] 학교에서 가장 감사했던 것은 무엇인가요?

[백이레] 하나부터 열까지 감사하지 않은 것이 없어요. 물론 무너질
때도 많았죠, 하지만 그때마다 각자의 모습을 인정해주시
고, 각자의 존재를 세워주시고, 우리를 위해 사랑으로 헌신
하시는 선생님들이 계셔서 정말 감사해요. 정말 부모님 같
은 느낌이 들어서 좋았어요. 선생님들의 도움이 있었기에
이렇게 성장한 것일지도 모른다고 생각해요.
그리고 언제나 저희를 위해 길을 만들어 놓으시고, 저희가
어떤 상태에 있든지 항상 함께하신 하나님께 감사를 올려
드리고 싶어요.

[도주안] 학교에서 만난 하나님은 어떤 분이신가요?

[백이레] 솔직하게 말하자면, 학교에서 고난을 느꼈을 때 제 신앙이
흔들릴 정도로 무너짐이 심했어요. 하지만 곧 하나님께서
그 고난을 모두 이겨내게 하시고 생각지도 못한 방법으로
저를 세워 주셨어요. 그렇기에 하나님은 저희가 감히 예상
할 수 없는 분인 것 같아요. 제가 느낀 하나님은 이 세상 무

엇과도 바꿀 수 없는, 세상 사람들이 아무도 나를 모른다 생각해도 나의 깊은 곳까지 아시는 분, 저를 가장 가까이에서 지켜보시고 나를 인도하셨고 지금도 인도하고 계시는 분이라고 생각해요.

[도주안] 가장 기억에 남는 수업이나 프로그램(프로젝트)은 무엇이고 그 것을 통해 어떤 성장과 배움이 일어났나요?

[백이레] 꿈의학교에는 다양한 프로그램이 존재하죠. 해외로 나가 다양한 경험을 쌓기도 하고 꿈의학교 안에서도 주입식 교육이 아닌, 늘 토론하고 팀워크 수업을 함께하는 방식으로 이루어져 있는데요. 중2 때는 5개월 동안 캐나다로 떠나 영어와 성경 등을 배우고 완전히 캐나다 방식만의 교육을 경험하고 오게 돼요. 그곳의 호스트, 즉 캐나다 부모의 집으로 들어가 살면서 교감을 하고, 또 Dream Canada International이라는 학교에서 영어(회화, 단어, 어학 등)와 성경공부를 해요. 캐나다의 교회에서 예배도 드리고, 특별한 행사(부활절, 크리스마스, 추수감사절 등)를 즐기기도 해요. 그러면서 추억을 쌓는 것은 물론이고 영어 실력도 늘어날 뿐더러 한국의 교육이 아닌 캐나다의 문화와 교육을 배우며

다양한 체험과 자연을 누려요. 한마디로 넓은 세계관을 가지게 되는 경험이죠.

그리고 6월마다 특정한 지역을 정하고 일주일 동안 그 지역을 완주하는 프로그램인 국토사랑행진이 있습니다. 걸을 때는 엄청 힘들지만 완주하고 나서의 그 짜릿함은 이루 말할 수 없을 정도에요. 서로를 의지하고 배려하고 도와가며 함께 완주하기 위해 선후배 간의 협동심이 빛을 발하는 프로그램 중 가장 대표적인 게 국토사랑행진이 아닐까 싶어요. 혼자가 아닌 함께하기에 가능한 시간임을 깨닫게 되고 공동체에 대한 감사와 소중함을 다시 한번 느끼게 되어 너무 소중한 시간이었어요.

[도주안] 좀 더 생명력이 넘치는 학교가 되기 위해서 학교가 어떤 준비를 하면 좋을까요?

[백이레] 코로나로 인해서 저희의 일상이 참 많이 제한되었잖아요? 그게 예배까지 영향력을 미친 것 같아요. 물론 될 수 있는 데까지 예배를 드리고 기도도 열심히 하지만, 학년별 기도회가 좀 더 활성화되면 좋겠다고 생각해요. 예배 때에는 열심히 찬양하고 기도를 드려도 일상으로 돌아오면 금방 다

시 무너지게 되잖아요. 그래서 더 이상 그렇게 되지 않도록 저희 삶이 항상 예배가 되었으면 좋겠어요. 저희 학년이 학년끼리 기도회나 예배를 자주 드렸는데 그때가 정말 여러 모로 힘이 되었거든요.

[도주안] 학교가 가장 중요하게 가르치고 있는 것은 무엇이라고 생각하시나요?

[백이레] '사랑으로 세계를 품어라', '언제나 기도와 말씀으로 살아가며 그 모습을 잃지 말아라'. 이게 우리 학교의 대표 가르침이라 말할 수 있을 것 같아요.

우리는 하나님의 형상을 입고 태어난 사람들이잖아요. 그  런 우리를 하나님이 원하시는 형상으로 바꾸어나가는 것이 꿈의학교의 궁극적 목표이자 가르침이 아닐까 싶어요. 아직 저는 학생이고 어리기에 정확히 알지는 못하지만요. 하나님 앞에서 세상을 어떻게 살아야 하는지, 그리스도인으로서 어떻게 세상을 품어야 하는지 가르치는 것이 꿈의학교가 가장 중요하게 생각하는 것 같아요.

[도주안] 꿈의학교에 들어오고 나서 생긴 변화가 있으신가요?

[백이레] 제가 모르는 제 모습을 조금이라도 알게 되었던 것 같아요. 가장 큰 변화는 하나님을 더욱 깊이 알게 되었고, 예전에는 하나님을 멀리하고 어떻게 하나님과 가까워져야 하는지 몰랐지만, 지금은 많이 발전한 것 같아요. 저는 원래 무엇이 되어야겠다는 생각을 많이 했어요. 하지만 지금은 제가 무엇이 되기보다 '하나님의 사람'으로서 세상 속에서 어떤 영향력을 나타내는 삶을 살아야 할지. 그것을 가장 고민하게 되는 것 같아요.

[도주안] 꿈의학교의 가치는 무엇이라고 생각하시나요?

[백이레] 저희 꿈의학교 학생들은 흔히 '꿈쟁이'라 불려요. 하나님의 꿈을 꾸는 사람이기에. 그렇게 각자 하나님의 꿈을 꾸지만 마지막 종착지를 향한 목표는 하나님 나라를 만들어가겠다는 사명을 가지고 가는 것과 서로를 존중하는 '꿈이름과 존대어'. 저희 학교의 대표적 가치라 말할 수 있겠죠. 그리고 저희는 공동체 생활을 하잖아요. 혼자는 못하지만 함께하

면 어떤 것도 할 수 있는 공동체의 가치가 바로 저희 꿈의
학교의 가치가 아닐까 싶어요.

[도주안] 꿈의학교의 특별한 문화는 어떤 것이 있나요?

[백이레] 꿈의학교에는 '꿈이름과 존대어'의 대표 문화가 있는데요.
꿈의학교의 버팀목이라고 말할 수 있을 정도로 오랫동안
유지됐고 그만큼 지키려고 노력하기도 하는 문화에요. 제
꿈이름 '화평한'은 제가 말씀드렸기에 아실 텐데요, 이렇게
꿈이름은 꿈의학교에서 사용하는 또 하나의 자신의 이름이
라 말할 수 있어요. 자신이 하나님 나라 안에서 되고 싶은
모습, 자신이 꿈꾸는 희망, 자신의 목표, 성경 말씀 등 이렇
게 자신만의 꿈이름을 만들어 그 꿈이름 대로 살아가겠다
는 목표를 가져요.

그리고 존대어인데요. 솔직히 같은 나이의 사람들과 존댓
말을 쓰는 것이 쉽지는 않잖아요? 그래도 꿈의학교의 '존
대어' 문화는 서로를 존중하기 위해 존댓말을 사용하는 것
이에요. 선생님, 선후배, 친구 할 것 없이. 똑같은 말을 하
더라도 반말을 할 때랑 존댓말을 할 때랑 기분이 다르잖아
요? 이 문화들을 지키기 위해 현재는 꿈의학교에서 '꿈이

름 존대어의 날'을 지정하고 꿈이름이 적힌 배지를 달고 다니는 등 꿈이름 존대어를 지키기 위해 수많은 노력을 하고 있어요.

[도주안] 미래 진로에 대한 불안이 있나요?

[백이레] 지금까지 진로가 많이 바뀌어 왔고 진로를 정해야 하는 시간이 점점 제 앞으로 다가오고 있기에 물론 불안한 마음이 들 때도 있죠. 하지만 하나님이 제 곁에 함께하신다고 생각하면 신기하게 불안도 사라지게 되었어요. 하나님은 저만을 위한 길을 준비해 놓으셨다는 사실. 그 사실 하나만은 전적으로 믿어요. 지금까지 저를 인도하신 하나님이 앞으로도 상상하지 못할 방법으로 인도하시고 또 언제나 제 곁에 함께하실 것을 기도하고 신뢰해요.

[도주안] 내가 꿈꾸는 세상, 혹은 나의 미래(목표)가 있나요?

[백이레] 여호와 이레가 '하나님께서 준비하신다'라는 뜻이잖아요. 그런 제 이름처럼 하나님께서 준비하신 제 삶을 하나님이 계획하신 대로 아름답게 만들어나갔으면 하는 것이 제 목표예요. 제가 하고 싶은 것이 아니라 하나님이 제게 주신

사명과 달란트로 살아가고 싶어요.

그리고 화목하고 평안하다는 의미의 제 꿈이름 '화평한'의 뜻을 기억하며, 세상을 화평하게 바라보고 화평을 전하며 선한 하나님의 형상으로 변화되고 싶어요. 하나님께서 저를 창조하신 그 원형으로 돌아가서 하나님을 마음껏 전하고 제가 화평을 전해서 조금이라도 세상이 하나님께 가까워졌으면 좋겠어요.

[도주안] 마지막으로 기독교 대안교육을 고민하는 친구들이나 학부모님들에게 전하고 싶은 한 마디는 무엇인가요?

[백이레] 하나님의 계획을 두려워하지 않고 신뢰하면 지금 자신이 가진 것보다도 더욱더 값진 것을 얻을 수 있다고 확신해요. 남과 비교하지 말고 나를 향한 하나님을 신뢰하며 기다리고 계속 기도하면서 학교를 신뢰하고 신중하게 준비하셨으면 좋겠어요.

# 반디기독학교

2008년 '반디키즈클럽'이란 크리스천 유아학교를 시작으로 2014년 초등과정인 반디기독학교를 개교하였다. 반디의 이름처럼 스스로 빛을 낼 줄 아는 지혜롭고 능력 있는 아이들이 되도록 성경적 교육을 지향하고 있으며, 2017년 첫 졸업생을 배출하였다. 그리고 2021년 성경적 세계관으로 미래를 이끄는 창의적 기독 인재를 양성하기 위하여 반디기독학교 중1 과정을 개설하게 되었다.

설립 목적은 말씀을 통해 하나님의 은혜와 사랑을 깊이 경험하고 성경적 세계관과 정서 위에 성령의 열매를 맺어가며 하나님이 주신 재능과 전문성(소명)을 키우고 하나님이 찾으시는 건강한 그리스도인으로 자라도록 교육함에 있다.

반디기독학교 이야기는 초등학교 1학년 이서하, 7학년 이다은, 여수민, 박혜윤 그리고 졸업생 김시연 학생이 소개해 주었다.

[박혜인] 반디기독학교는 어떤 학교라고 생각하나요?

[1학년, 이서하] 사랑과 즐거움이 넘치는 학교다. 왜냐하면 친구들의 마음도 좋고 선생님들도 착하시다. 그리고 교실을 돌아다니며 뛰어놀 때 그 장소가 좋고 즐겁기 때문이다.

[졸업생, 김시연] 기억에 남는 학교다. 전학을 와서 일반 학교와 반디기독학교를 다 다녀봤지만 반디기독학교에서 함께했던 추억들과 친구들은 잊을 수 없기 때문이다.

[7학년, 이다은] 사랑의 학교다. 선생님들께서 사랑으로 가르쳐 주시기 때문이다.

[7학년, 박혜윤] 사랑의 학교다. 왜냐하면 우리 모두가 하나님의 사랑하심을 기억하며 그것을 항상 마음속에 새기려고 노력하고, 반디기독학교의 교가에도 '반디는 사랑의 학교'라는 가사가 있기 때문이다.

[7학년, 여수민] 친구들과 선생님 모두가 사랑으로 대해주는 학교라고 생각한다.

[박혜윤] 기독교 대안학교인 반디기독학교와 일반 학교의 차이점은 무엇이라고 생각하나요?

[1학년, 이서하] 성경을 배워가고 QT를 하며 일과 전에 기도로 시작한다.

[졸업생, 김시연] 수업 진도를 일반 학교보다 빨리 나갈 수 있고 말씀을 통해 성경을 배울 수 있다.

[7학년, 이다은] 성경을 배우고, 일반 학교와 달리 온 가족 새벽 채플, 찬양 채플, 수요 채플 등 예배를 드리며, 하루 일과를 QT로 시작한다.

[7학년, 박혜윤] 전교생과 선생님들이 서로 친하고 여러 특별한 활동을 할 수 있다. 또한 말씀을 통해 하나님을 더 알아가는 경험을 할 수 있다.


[박혜윤]. 만약 반디기독학교가 아닌 다른 일반 학교에 다닌다면 어떨 것 같나요?

[1학년, 이서하] 즐거움이 없어지고 하나님의 말씀을 전파하지 못한다. 반디기독학교는 성경을 배우는데 일반 학교는 성경을 배우지 않고 복음을 전파하지 못하기 때문이다.

[7학년, 이다은] 1학년 때 하나님을 믿기 시작해서 하나님에 대해서

잘 몰랐을 것 같다.

[7학년, 박혜윤] 일주일 중 주일 하루에만 하나님의 말씀을 읽었을 것이고, 그러다 보면 점점 하나님과 멀어졌을 것 같다.


[박혜윤] 가장 기억에 남는 수업이나 프로그램은 무엇이고, 그것을 통해 어떤 성장과 배움이 있었나요?

[1학년, 이서하] 미술. 책을 보고 그 책에 대해서 그림을 그리면서 그림을 더 잘 그릴 수 있게 되었고 그림에 대한 자신감이 생겼다.

[졸업생, 김시연] 선교. 6학년 때 졸업 선교 여행을 갔었는데 선교지였던 필리핀에서 활동을 하면서 보람을 느꼈고 현지 사람들을 보면서 그들을 더 이해할 수 있게 되었다.

[7학년, 이다은] 워십 동아리. 워십 동아리를 통해 하나님께 올려드리는 찬양들을 많이 알게 되었다.

[7학년, 박혜윤] 오케스트라 수업. 처음에는 각자 맡은 악기로 배우다가 합주로 합을 맞추면서 서로의 악기 소리가 점점 맞아지는 것을 들었을 때 뿌듯함과 더 열심히 해야겠다는 생각이 들었다. 연습할 때는 힘들기도 하지만 졸업하고 오케스트라 수업을 안 하니까 아쉬운 감정들도 많이 생겼다.

[7학년, 여수민] 신입생 오리엔테이션 캠프. 신입생 캠프 때 하는 저녁 집회에서 하나님의 엄청난 사랑을 알게 되었다.

[박혜윤] 반디기독학교 초등과정을 졸업하고 반디기독학교 중등과정으로 진학한 이유는 무엇인가요?

[7학년, 이다은] 반디중학교에서 일반 학교에서 하지 않는 재밌는 수업들을 하고 또 6년 동안 함께했던 친구들과 3년 동안 같이 또 학교생활을 하는 것이 좋기 때문이다.

[7학년, 박혜윤] 중1 학교생활을 일반 중학교에서 마치고 대안학교에 관심이 많은 부모님이 반디기독학교가 생긴다는 소식을 들으시고 권유하셨다. 고민이 되어 그날 밤에 하나님께 기도를 하고 다음 날부터 학교에 가고 싶다는 생각이 들어서 이게 하나님의 뜻이라고 생각하고 이곳 반디기독학교에 오게 되었다.

[7학년, 여수민] 초등과정에서 선생님들과 수업을 하면서 한층 더 성숙해지고 사랑에 대해서 알게 되었기 때문이다.

[박혜윤] 반디기독학교에서 가장 좋아하는 장소는 어느 곳이고, 그 이유가 무엇인가요?

[1학년, 이서하] 풋살장. 친구들과 풋살장에서 음악 시간에 배운 노래를 율동하면서 놀 때, 그 재밌었던 추억이 있었던 곳이기 때문이다.

[졸업생, 김시연] 풋살장. 즐겨하던 축구 외에도 재미있는 활동을 할 수 있었다.

[7학년, 이다은] 목공소. 중학교 과목 중 가장 재밌고 작품을 만들 때마다 완성품을 상상하면서 기분도 좋고 작품을 완성시키면 뿌듯하기 때문이다.

[7학년, 박혜윤] 도서관. 수업을 마치고 부모님을 기다리면서 도서관에서 숙제를 하거나 친구들과 논 추억이 많이 있는 곳이기 때문이다.

[7학년, 여수민] 4층 실내 체육관. 옛날부터 그곳에서 친구들과 재미있게 놀면서 쌓은 추억이 많기 때문이다.


[박혜윤] 본인이 가장 좋아하는 수업이나 활동은 무엇이고, 그 이유는 무엇인가요?

[1학년, 이서하] 미술 자유화 그리기. 미술은 정답이 없고 그리고 재

있기 때문이다.

[7학년, 이다은] 밴드 수업. 이 수업으로 인해서 친구들과 한 곡을 완성시킨다는 것이 뿌듯하고 또한 협동심과 단합이 된다는 것을 느껴 계속하고 싶다.

[7학년, 박혜윤] 밴드 수업. "슬기로운 의사 생활"이라는 드라마를 보면서 베이스 기타를 배워보고 싶었는데 마침 밴드 수업이 있다는 것을 알고 엄청 기뻤다. 여러 곡을 배워보면서 개인의 실력이 느는 것도 좋지만 다 같이 점점 맞고 있다는 생각이 들 때 많은 뿌듯함을 느끼기 때문이다.

[7학년, 여수민] 밴드 수업. 친구들과 음악에 맞추어서 밴드를 하면 협동심이 느는 것 같기 때문이다.


[박혜윤] 1년의 마지막에 하는 반디들의 꿈을 준비하면서 느낀 점은 무엇인가요?

[졸업생, 김시연] 사실 공연할 기회가 많지 않은데 공연할 수 있는 기회를 쌓아갈 수 있어서 뜻깊었다.

[7학년, 이다은] 힘들 때도 있지만 재밌었던 기억과 좋은 무대를 위해서 더 열심히 해야겠다는 생각이 들었다.

[7학년, 박혜윤] '반디들의 꿈'은 지난 1년 동안 자신이 배운 것들을

공연해보는 것이다. 1년 동안 정말 열심히 준비해왔던 것을 부모님들, 선생님들, 친구들에게도 보여주는 것이기 때문에 많이 긴장되기도 하지만 공연할 때 즐거움과 끝났을 때 내가 이것을 해냈다는 벅참이 느껴져 항상 반디들의 꿈을 공연할 때는 즐거웠던 기억만 난다.

[7학년, 여수민] 힘들기도 했지만 '반디들의 꿈'을 하니까 정말 연습한 보람이 있었던 거 같다.


[박혜윤] 가장 기억에 남는 선생님은 누구이고, 그 이유가 무엇인가요?

[1학년, 이서하] 김주은 선생님. 공부를 아주 쉽게 배울 수 있고 그것을 통해 수학이라는 것을 알게 되었다.

[졸업생, 김시연] 유세진 선생님. 4학년 때 담임 선생님이셨는데 중간에 그만두셨지만 착하셨고 반을 잘 챙겨주셨기 때문이다.

[7학년, 이다은] 정윤경 선생님, 가장 엄격하고 무서운 선생님이셨지만 그만큼 우리를 챙겨주시고 좋은 말씀을 해주셔서 공부쪽에서도 신앙 쪽에서도 많은 도움을 주셨기 때문이다.

[7학년, 박혜윤] 한진옥 선생님, 1학년 때 전학을 와서, 비록 반디키즈 때 친한 친구들도 많았지만 적응을 잘 못할 수도 있는 시기였다. 그때마다 선생님께서 항상 챙겨주셨고 1년만 계

시고 떠나셨지만 그만큼 더 생각나는 선생님이시다.

[7학년, 여수민] 영어 과목 정윤경 선생님. 비록 무섭긴 하셨지만 정말 재미있으셨고 진정한 선생님이란 걸 느꼈던 것 같다.

[박혜윤] 지금까지 한 이달의 인물이나 이달의 주제 중 가장 기억에 남는 것은 무엇이고, 왜 가장 기억에 남나요?

[1학년, 이서하] 장기려 박사님, 왜냐하면 처음으로 탐구한 인물이고 그 박사님이 의사가 된 이유를 듣고 멋있고 감동적이어서 기억에 남는다.

[7학년, 이다은] 김연경 배구선수. 그때 존경하는 인물에 대해 소개하는 발표 때문에 친구들과 열심히 준비했었기 때문이다.

[7학년, 박혜윤] 최부자. 최부자를 탐구하기 위해 경주에 가서 많이 놀아 재미있는 추억도 많고, 알지 못했던 인물을 새롭게 알게 되어 신기했다.

[7학년, 여수민] 세종대왕. 한글의 위대함을 알 수 있었기 때문이다.

[박혜윤] 반디기독학교에서 친구들과의 관계는 어떤가요?

[1학년, 이서하] 사이좋고, 오해가 있기도 하지만 친구들끼리 기분 나쁜 일이 있으면 대화로 풀어나간다. 친구들끼리 양보를 많

이 하고 서로 싸우는 일도 많지만 즐거운 추억을 만들 때가 더 많기 때문이다.

[7학년, 이다은] 돈독하고 좋다. 학교에서 따돌림이나 싸움 등이 많이 없고 싸우더라도 사랑으로 푼다.

[7학년, 박혜윤] 일반 학교와 다르게 학생 수가 적다 보니 여러 학생 끼리 친하게 지내고 큰 문제는 없이 지냈던 것 같다.

[7학년, 여수민] 친구들은 정말 사랑이 많고 착하다. 친구 관계는 정 말 좋다.


[박혜윤] 학교생활하면서 힘들었던 점은 무엇이 있었나요?

[1학년, 이서해] 처음 면접을 보러갔을 때에 질문에 답하기 어려웠다. 그리고 친구들과 놀 때 의견이 달랐을 때가 가장 힘들었다.

[졸업생, 김시연] 숙제가 많아서 힘들었다.

[7학년, 이다은] 아무래도 초등학교와는 달리 중학교는 중간고사와 기말고사, 수행평가까지 있는 데다 처음이라서 공부하고 준비하면서 조금 힘들었다.

[7학년, 박혜윤] 기간 안에 내야 했던 숙제들이 그때는 버거워서 힘들 었고 PPT로 발표해야 했을 때는 만들 때 시간이 많이 들어 서 힘들었다.

[7학년, 여수민] 과제가 많았던 것이 힘들었고, 일찍 등교하고 늦게
　　　　　하교한다는 점이다.


[박혜윤] 이 학교의 후배들에게 어떤 선배가 되고 싶나요?

[졸업생, 김시연] 기억에 남는 선배가 되고 싶다.

[7학년, 이다은] 착하고 편한 선배, 후배들을 잘 챙겨주는 선배가 되
　　　　　고 싶다.

[7학년, 박혜윤] 다시 만났을 때 반가운 선배가 되고 싶다.

[7학년, 여수민] 든든하고 성실하고 잘 대해주는 선배가 되고 싶다.


[박혜윤] 생명력이 넘치는 학교는 어떤 학교라고 생각하고, 좀 더 생명력
　　　　　이 넘치는 학교가 되기 위해서 학교가 어떤 것을 준비하면 좋을
　　　　　까요?

[1학년, 이서하] 즐겁고 행복한 일이 많은 학교가 되면 좋겠다.

[7학년, 이다은] 사랑이 넘치고 모두가 행복하고 편한 학교, 학교에서
　　　　　학생들이 원하는 것을 조금이라도 해주면 좋겠다.

[박혜윤] 반디기독학교가 생명력이 넘치는 학교가 되려면 개인은 어떤 노력을 해야 할까요?

[1학년, 이서하] 친구들과 서로 싸우지 않고 서로 거짓말하지 않아야 한다.

[졸업생, 김시연] 친구들을 배려해주며 바른 언어를 사용한다.

[학년, 이다은] 친구들과 싸우지 않고 서로서로 배려하고 존중하면서 지낸다.

[7학년, 박혜윤] 자신부터 하나님을 잘 이해해야 하기 때문에 의무감으로 말씀을 묵상하는 것이 아닌 진심으로 말씀을 묵상하도록 노력한다.

[7학년, 여수민] 친구들끼리 서로 사랑하고 사랑으로 대해줘야 한다.


[박혜윤] 반디기독학교가 생명력이 넘치는 학교가 되어서 다른 학교에 어떤 도움을 줄 수 있을까요?

[졸업생, 김시연] 반디기독학교를 졸업한 사람들이 학교에서 배운 것들을 통해 일반 학교로 갔을 때 하나님을 믿는 자의 모습을 올바르게 보여주며 하나님을 전도할 수 있다.

[7학년, 이다은] 다른 학교의 친구들, 선생님들을 전도할 수 있다.

[7학년, 박혜윤] 학교 기도 모임 같은 행사를 더 적극적으로 하거나

활성화시킬 수 있다.

[7학년, 여수민] 진정한 사랑을 전할 수 있을 것 같다.


[박혜윤] 반디기독학교를 한 문장 또는 한 단어를 말하자면 무엇인가요?

[1학년, 이서하] 감사와 기쁨이 넘치는 학교. 반디기독학교에 있을 때
제일 행복하기 때문이다.

[7학년, 이다은] 반디는 사랑과 웃음이 넘치는 학교다.

[7학년, 박혜윤] 반디는 세상 속의 빛이다. 이것도 교가에 나오는 말
인데 학교 이름처럼 반딧불이 되어 하나님의 말씀을 전파
할 수 있도록 노력하는 학교이기 때문이다.

[7학년, 여수민] 사랑과 기쁨을 나누는 학교다.


[박혜윤] 반디기독학교는 당신을 어떤 사람으로 만드나요?

[1학년, 이서하] 하나님을 믿는 사람. 반디는 하나님을 공부해서 하나
님을 더 알아가게 되기 때문이다.

[7학년, 박혜윤] 성장하는 사람. 학교에서 배우는 지식이나 인성 면에
서 성장시켜 주지만 영적으로도 성장시켜 주기 때문이다.

[박혜윤] 기독교 대안교육이 필요한 이유와 앞으로 기독교 대안학교에 오는 것을 고민하고 있는 친구들이나 학부모님들에게 전하고 싶은 한마디는 무엇인가요?

[1학년, 이서하] 우리 학교에 들어오면 하나님에 대해 배우고 그 하나님의 말씀을 전하고 나누며, 또 감사를 함께 베풀고 나눌 수 있다. 그러면서 교만하지 않고 하나님을 기쁘시게 할 수 있다.

[7학년, 이다은] 기독교 대안교육은 사랑이 넘치는 학교를 위해 배우는 것이다. 기독교 대안교육으로 인해 하나님을 만나고 더 알아가기 때문이다.

[7학년, 박혜윤] 일반 학교나 학원에서 지식을 배우는 것보다(물론 지식도 중요하지만) 내 마음의 방향성을 아는 것이 더 중요하다

고 생각한다. 그런 것을 일반 학교나 학원에서 배우기는 쉽지 않지만 기독교 대안교육에서는 묵상과 찬양으로 하나님을 향한 내 마음의 방향성을 잘 알 수 있게 해주고 다른 학교 수업이나 활동도 재미있기 때문에 기독교

대안학교에 다니는 것을 추천한다.

[7학년, 여수민] 비록 다른 학교와 달라서 적응해야 하는 시간도 있겠지만 진정한 사랑을 느낄 수 있을 것이다.

# 사랑방공동체멋쟁이학교

2002년에 시작한 멋쟁이학교는 포천에 위치한 신앙 공동체인 사랑방공동체에 소속되어 있는 중고등 통합 공동생활 학교다. 멋쟁이학교는 장(場, contact)을 중심으로 기독교 교육에 기반을 두고 각 분야에 고루 균형 잡힌 인재를 키워내는 것을 목적으로 한다.

멋쟁이학교는 신앙 공동체라는 장을 적극적으로 활용하여 삶과 신앙이 분리되어 있지 않음을 몸소 깨닫게 한다. 특히 성서일기를 통해 하나님 앞에서 자신의 정체성을 다지고 그리스도인으로서 나아가야 할 방향을 스스로 찾아가도록 돕는다. 궁극적으로 속한 공동체에 선한 영향력을 주는 사람으로 성장하게 교육한다. 이러한 인재상을 바탕으로 관계를 중심으로 하고, 관계 속에서 함께 성장해 나가는 교육을 추구한다. 공동체 속에서 서로 존중하고 섬기며 다름의 차이를 허물고 하나 됨을 향해 함께 나아간다.

친구들은 서로의 거울이 되어 함께 성장한다. 멋쟁이에서는 삶 속에서 지속적으로 서로에 대한 진심 어린 피드백이 이루어진다. 서로의 모습을 투명하게 비추어 있는 그대로의 모습을 보여준다. 피드백을 통한 끊임없는 자아성찰의 기회를 가짐으로써 스스로를 알아가고 다듬어가며 자신의 정체성을 정의하여 간다. 멋쟁이에는 공식적인 자리에서 모두가 함께하는 피드백 시간이 있다. 여행 피드백과 가족회의 시간에 있는 '돋보기'와 '삼정(正整精)생활' 점검이다.

멋쟁이에서는 한해 총 일곱 번 다양한 주제를 가지고 다양한 장소를 여행한다. 대표적인 여행으로는 필요한 모든 짐을 지고 약 100km를 걷는 도보여행과 지리산 종주여행이 있다. 여행은 다양한 상황을 통해 멋쟁이들이 위기에 대처할 수 있도록 도와주며, 멋쟁이들이 더 넓은 눈으로 세상을 바라볼 수 있게 한다. 또 자신의 한계를 극복하게 하며 그 원동력이 함께하는 힘이라는 것을 깨닫게 한다.

멋쟁이에는 모든 학년이 주기적으로 가는 여행 말고도 특정 학년 때에만 경험할 수 있는 여행이 있다. 특별히 3, 4학년은 1년간 중국의 중세학교에서 친구들 그리고 선생님과 함께 유학생활을 하게 된다.

가족회의는 월요일 첫 시간과 금요일 귀가 전에 진행하는 정기 회의가 있다. 한 주간의 생활표어와 학교생활에 필요한 안건을 의결하는 자리로 학생회장이 진행한다. 금요일 가족회의 시간에는 '삼정 생활 점검'과 '돋보기'라는 피드백을 진행한다. 돋보기란 다른 이의 숨겨진 선행 또는 고칠 점을 적어 익명으로 발표하는 제도다. 돋보기는 누적되며 2학기 종강에 시상되는 멋쟁이 상의 근거가 된다. 삼정생활은 공동생활을 할 때 지켜야 하는 규범이며 삼정생활 점검은 이 규범에 대한 실천 정도를 스스로 점검하는 것이다.

이렇듯 멋쟁이는 자신을 객관화하는 교육을 진행한다. 이 교육의 정점은 학기 말 자율평가서다. 자신의 한 학기를 돌아보고 각 항목에 대해 자신을 객관적인 시선으로 평가하는 것이다. 이후에는 이 평가서를 기반으로 학생 면담과 학부모 면담을 진행한다.


멋쟁이는 학교, 가정, 교회가 서로를 보완하며 교육한다. 세 가지 주체가 학생을 교육하는 대화적인 구조 속에서 학생의 의견을 존중하고 자율적인 인재로 자라도록 돕는다. 스스로가 자율적으로 공부 계획을 세워 공부하도록 하며 필요한 경우 교사의 도움을 받을 수 있도록 한다. 또 공동심화와 같은 모둠으로 주제에 대하여 깊이 탐구하고, 마지막에는 지식을 공유하는 학습구조를 이룬다.

더 나아가서는 학생회를 중심으로 하여 필요한 경우 자치회를 열고 안건을 결의한다. 이 안건은 추후 학사일정에 관여될 만큼 강한 힘을 가진다.

멋쟁이학교는 학생들이 자율적인 학습을 할 수 있도록 돕고 학생 고유의 재능을 계발할 수 있도록 부서와 동아리, 다양한 악기를 접할 수 있는 기회를 제공한다.


마지막으로 멋쟁이학교는 생태 공동체로서 노작이라는 멋쟁이만의 수업을 진행한다. 멋쟁이들은 밭을 일구어갈 때 생명을 느끼고 함께 일하는 기쁨을 느낀다.


다음 글은 학생기자단 대표 이나영 멋쟁이가 학생기자단의 의견을 모아서 정리한 글이다.


[이나영] 인터뷰 대상자가 되셨습니다. 축하합니다. (웃음) 언니가 회장을 하면서 시야가 넓어졌을 것 같은데. 회장을 하면서 느꼈던 점과 학교의 장단점을 소개해줄 수 있나요?

[엄하민] 회장하기 전에는 학생들만 힘들다 생각을 했었는데, 회장을

하니까 선생님들이 여러 방면에서 학생들을 위해서 많이 생각하시는 걸 보게 되었어. 우리는 선생님들이 내린 결정만 보고 '왜 저런 선택을 하셨지?'라고 생각할 때도 있잖아. 가까이서 지켜보면 '아 이게 우리보다 넓은 시야를 가지고 그렇게 판단하신 거구나.' 라고 생각이 바뀐 것 같아.

장단점. 장점은 나같이 조용한 이들도 색다른 경험을 할 수 있다는 것. 멋쟁이학교를 다니고 이런 경험들을 하고 성격도 조금 더 외향적으로 바뀌고 자신감도 향상되었어. 단점은, 나만의 시간이 별로 없다는 것이지. 하고 싶은 걸 학교일 때문에 시간이 없어서 하기 힘들다는 점이야.

[김주은] 그러면 학교에 들어와서 가장 행복했을 때랑 힘들었을 때는 언제였나요?

[엄하민] 친구들이랑 있었을 때 행복한 시간이 많았는데, 1학년 때는 친구들이랑 트램플린 타고 함께 누워서 하늘을 볼 때가 있었고, 안 친했던 사람이랑 친해지고 그 사람과 즐거운 시간을 함께할 때, 중국에서 눈이 왔을 때, 눈 와서 학교 안가고 놀았을 때가 행복했던 것 같아.

제일 힘들었던 부분은 관계였어. 아직은 극복했다고 말할 수는 없고. 항상 힘든 문제라고 생각해. 예전에는 관계가 틀어진 그 사람만 신경 썼어. '애랑 더 나빠지면 어떡하지, 애가 나 싫어하는 거 아니야?' 이렇게 생각했는데, 잠시 생각을 멈추고 다른 사람한테 고민을 구하면 '이런 방법도 있었구나. 이런 생각을 할 수도 있구나'라고 깨닫게 된 순간이 많이 있었어.

[김주은] 이번에는 약간 다른 주제로 넘어가서 가장 기억에 남는 여행이 뭐였어요?

[엄하민] 중국 위해여행 중에 지밍도섬이 제일 좋았어. 중국에서 우리 학년은 진짜 좋아했었는데 여행 가니까. 가족 같고 편하고 재미있었고, 또 중국에서 학업에 지쳐있었던 적도 많았었는데, 여행 가서 푸니까 더 좋았던 것 같고. 또 그 섬 자체가 너무 예뻤어, 음식도 맛있고, 숙소 주인 분들도 좋으셔서 여러 방면에서 기억에 남는 여행이었던 것 같아.

힘든 여행은 도보여행. 지리산이 가장 먼저 생각이 나는데, 일단 저학년 때는 '이거 왜 가는 거야.' 이렇게 생각했었거든. 그런데 좀 크니까 어려움을 맞닥뜨릴 때 있잖아. '내가 지리산 종주도 했고, 도보여행도 갔다 왔는데 이 정도는 할 수 있지 않을까?' 이런 생각이 끈기와 자신감을 길러주는 거 같았어. 학교 전체적으로는 단합력 그리고 성취감도 공유할 수 있어서 값진 경험이었다고 생각해.

[이나영] 이야기가 나온 김에 중국 생활 중에 가장 기억에 남는 에피소드가 있나요?

[엄하민] (웃음) 아주 많이 스쳐 지나갔는데, 중국에서 학교 끝나고 마트에 가는 그 시간을 제일 좋아했거든. 그날도 마트를 향하고 있었어. 그런데 갑자기 동우가 "오늘은 내가 쏜다!" 하면서 간식을 사주겠다는 거야. 큰돈은 아니어도 너무 행복한 거야. 간식을 쥐고 "동우야 고마워!" 이러면서 갔는데, 이후에 기분 좋을 때마다 다들 한 턱씩 쏘는 거야. (웃음) 사실 나도 쏘고 싶었거든. 그런데 한국에 오게 된 거야. 되게 아쉬웠어. 나도 한 번 쏠 걸. 예상치 못하게 빨리 귀국하게 되어서 아쉬웠는데, 친구들한테 진짜 많이 감동 받았어.

[김주은] 그러면 딴 질문 하나 할게요. 멋쟁이만의 수업을 몇 가지 소개해줄 수 있어요?

[엄하민] 일단, 열린 수업. 열린 수업은 진짜 열린 수업 같아. 열린 수

업 때 진짜 다양한 걸 많이 하는데, 밖에 나가기도 하고 그러잖아. 도로 청소, 탁구대회. 다양한 경험을 많이 하는 것 같고. 열린 수업이랑 노작. 내가 노작을 하면서 '이런 경험을 다른 데서도 할 수 있을까?'라는 생각이 들 때가 아주 많단 말이야. 노작이랑 열린 수업이 멋쟁이만의 특별한 수업이라고 생각하고, 공동심화도 특별한 수업인데 너무 힘들어서 고르지 못했어.

[김주은] 기억에 남는 프로젝트 있나요? 공동심화나 종강발표회, 열린 수업도 다 포함해서요.

[엄하민] 스승의 날? 왜냐하면 부담감이 컸어. 다른 것도 학생회 주관으로 하는데 그건 따라가면 되잖아. 그런데 이건 온전히 내가 총책임자로서 진행해야 했어. '잘못되면 어쩌지?'라는 불안감이 컸었어. 우리가 "스승의 은혜" 노래를 마쳤을 때도 선생님들 표정 보면서 '감동받으셨나?' 살피게 되고… 그래서 스승의 날이 가장 기억에 남는 것 같아.

[김주은] 학교에 들어오고 나서 언니가 가장 많이 얻어 가는 게 뭐예요?

[엄하민] 나는 성격? 나는 '내 내적인 부분의 반은 멋쟁이학교에서

만들어갔다'고 생각해. 전에는 식당에서 주문하는 것도 어려웠어. 또는 공동심화 같은 프로젝트를 진행하는 것, 사람들의 의견을 물어보고 맞춰가는 것, 조율하는 것, 입장을 바꿔서 생각하는 것, 대화 주제를 다양하게 대화하는 것, 이런 모든 부분이 약했다고 생각해. 신앙도 약했다고 생각했는데 멋쟁이학교 오면서 내적인 면에서 많이 도움을 받았던 것 같아.

지금은 모두 멋쟁이학교를 다니고 있으니까 이게 특별하다고 못 느낄 때가 많은데, 멋쟁이학교 생활을 하면서, '이건 진짜 귀한 경험이다'라고 느낄 때가 많단 말이야. 경험을 하면 얻는 게 많잖아. 또 다른 상황들을 겪었을 때 '어? 나도 이거랑 비슷한 경험을 했었는데…' 하면서 자신감도 얻을 수 있지.

또 사람들. 멋쟁이학교 학생들이 착하다고 느껴. 물론 자기가 안 좋다고 하는 사람들도 있겠지만, 얘기하고 대화해보면 나름 생각이 있고 배워가는 면이 있다고 생각해. 그래서 결국 인성과 경험이 학교로부터 가장 많이 얻어가는 부분인 것 같아.

[이나영] 다음 질문은 충분히 생각하고 대답해 줘도 괜찮아요. 언니가 생각하기에 생명이 넘치는 학교란 어떤 학교라고 생각해요? 멋쟁이학교는 생명이 넘치는 학교라고 생각하나요?

[엄하민] 생명이 넘치는 학교라고 했을 때 '이게 뭐지?' 했었지만, 딱 스쳐 지나가는 이미지가 하나 있어. 그건 바로 대화하는 장면이야. 우리 간식 시간이나 아니면 식사 시간에 웃음 넘치잖아. 그때 나는 활기참을 느끼고, 우리가 대화를 할 때, 주로 서로 말을 주고받을 때, 생각을 나눠가질 때 많은 걸 얻는데 '생명력이 넘친다'라는 비유는 그럴 때 쓰는 것 같아.


[이나영] 혹시나 이것을 보고 멋쟁이학교에 대해 관심을 가지거나 진학하게 될 친구들이 있다면 그 친구들에게 멋쟁이학교의 꿀팁 한 가지를 소개해 준다면 어떤 게 있을까요?

[엄하민] 일단 책을 보고는 '재미있겠다. 특별한 경험이겠다.'라고 생각할 수 있잖아. 진지하게 생각하고 들어오면 좋겠어. 졸업하고 나간다는 생각으로. 왜냐하면 공동체에서 한 명이 빠져나가면 많이 흔들리잖아. 꿀팁은 힘든 순간에 도움을 구하고, '버텨내겠다. 이게 끝나면 얻는 게 더 많을 거야.' 이런 생각으로 6년 생활을 잘 버텼으면 좋겠어.

[이나영] 원온원(One-on-one)을 하다 보면 친구들이 '진정한 멋쟁이가 되고 싶다'라는 말을 많이 해요. 언니가 생각하는 멋쟁이라는 말의 의미와 진정한 멋쟁이의 뜻을 말해줄 수 있어요?

**[엄하민]** 진정한 멋쟁이는 멋쟁이학교를 졸업한 졸업생들이라고 생각해. 많은 졸업생들이 솔직히 중간에 자퇴하고 싶을 때가 많았고, 다른 학교로 가고 싶을 때가 아주 많았다고 생각하는데… 다른 친구들이 나가고 이렇게 다른 사람들이 "넌 틀렸어. 이게 맞아." 하는 걸 많이 봤을 텐데. 흔들리지 않고 끝까지 졸업하는 이런 게 멋쟁이라고 생각해.

내가 생각하는 진정한 멋쟁이는… 어. 이거 되게 어려운데 조금만 생각할게… 쉽게 말하면 정진(精進)하려고 하는 사람. 더 힘든 상황에서 굴복하지 않고 더 배워가고, 예를 들어서 빨간표나 부정적인 피드백을 받았을 때, '아… 나는 이런 사람이야.' 이렇게 그치지 않고 '아… 이런 걸 받아서 되게 마음은 아프지만, 내가 이런 걸 개선하고 더 나아가야겠다'라고 생각하고 정진하는 사람이 참 멋쟁이라고 생각해. 더 나아가려고 하는 사람.

[김주은] 마지막으로 좀 무거운 질문인데… 기독교 대안교육이 필요한 이유가 뭐라고 생각해요?

[엄하민] 사람마다 중요하다고 생각하는 가치가 다 다르잖아. 그걸 한꺼번에 묶어서 한 교육을 시키는 것은 나는 아니라고 생각을 하거든. 왜냐하면 사람마다 필요한 게 다르니까. 물론 일반 학교가 안 좋다는 것은 아니지만, 필요한 학생에게는 기독교 대안학교가 맞는 거잖아. 그래서 다양한 사람들이 있고 다양한 사람들의 가치관이 있으니까. 교육도 다양해야 한다고 생각해.

특별히 기독교 대안학교가 필요한 이유는 청소년기 때 하는 내면 교육이 중요하다고 생각해. 기독교 대안학교에서 내면을 잘 성장시키고, 하나님을 경험하고, 내적으로 단단히 성장시켜서, 사회에서 내면이 약한 사람들을 도와줄 수 있고, 또 하나님을 더 잘 알릴 수 있고, 그래서 기독교교육이 청소년들에게 중요하지 않나?

[김주은] 앞으로 기독교 대안교육을 고민하는 친구들에게 해주고 싶은 말이 있어요?

[엄하민] 기독교 대안학교에 오기 전에 내가 갈 수 있나 고민할 수 있

잖아. 청소년 때 방황만 할 수도 있어. 하나님이 만나주시는 시기는 언제인지 모르니까. 아직 안 만났을 수도 있잖아. 방황해도 되니까. 너무 걱정하지 말고. 기독교 대안학교에서 다른 사람들에게 많이 나누고 진지하게 기도도 하고 많은 경험을 쌓으면서 하나님께서 나한테 주시는 알맞은 때를 기다려 봐. 너무 초조해하지 않았으면 좋겠어. 그러니까 '얘는 진짜 내면이 단단해졌고, 하나님도 만난 것 같고, 신앙도 깊은 것 같아. 근데 나는 왜 안 그렇지?'라고 고민하지 말고.

[이나영] 이제 진짜 끝났어요. 네, 수고하셨습니다!

# 산돌자연학교

산돌자연학교는 강원도 원주시 반곡동에 위치한 기독교 대안학교다. 혁신도시와 인접해 있어 여러 문화적인 혜택을 누릴 수 있는 동시에 치악산 아래의 숲들로 둘러싸여 있어 자연과 함께하는 다양한 활동을 할 수 있다. 5세에서 7세까지의 유아와 초등 1학년부터 고등 3학년까지 총 41명의 학생들과 12명의 교직원이 함께 만들어가는 행복한 학교다.

2012년 학교가 처음 문을 열 당시에는 아파트 1층에 전세를 들어 시작했고, 3명의 학생과 1명의 교사가 구성원의 전부였다. 이후 2016년 반곡동 혁신도시 인근의 아름다운 전원에 건물을 지어 학교를 옮기게 되었고, 2019년에는 유아학교 건물까지 완공되어 오늘날의 모습을 갖추게 되었다.

산돌자연학교는 영국의 기독교 교육가 샬롯 메이슨의 이념을 기초삼아 하나님 사랑·자연 사랑·이웃 사랑을 교육 커리큘럼의 기본적인 지향점으로 설정하고 이를 바탕으로 독특한 교과과정을 운영하고 있다. 프로젝트에 기반을 둔 수업(PBL)을 통해 공동체 구성원 간의 협동 정신을 배우고 선한 영향력을 발휘하도록 돕는다. 학교에는 항상 찬양과 기도가 기본적인 생활의 일부이며 닭과 오리, 토끼, 강아지와 같은 동물들을 키우고 텃밭을 만들어 여러 작물들을 기른다.

수학과 영어를 제외한 모든 수업은 교과서가 아닌 '살아 있는 책'으로 진행되며 책을 통해 새로운 지식을 알아갈 뿐만 아니라 비판적 사고와 창의력 등 학생 개인의 능력을 기르고 그것을 글을 통해 표현하도록 한다. 학생들 스스로 조사하고 발표하며 리포트를 쓰는 것이 거의 모든 수업의 기본 과정이다. 또한 영어 수업으로 SOT(School of Tomorrow) 시스템을 도입하여 학생 개인의 수준과 진도에 맞는 공부가 가능하다.

'신앙인물'이나 '역사인물'과 같은 수업들도 산돌자연학교만의 특별한 수업이라고 하겠다. '신앙인물'은 신앙적으로 본받을 만한 인물 한 명의 삶과 그에 관련된 역사적, 지리적, 사회적 사실들을 탐구한다. '역사인물' 수업을 통해서는 역사적인 발자취를 남긴 한 사람의 삶과 그에 관련된 과학, 역사, 사회, 문화 등 다방면의 지식들을 배운다. 두 수업 모두 단순한 사실적 지식들뿐 아니라 한 사람의 인생을 들여다보며 얻을 수 있는 올바름에 대한 통찰을 추구한다.

또한 산돌자연학교는 학생 개인이 자신의 꿈과 비전을 찾아가는 것을 돕기 위해 다양한 경험들을 제공하고 있으며, 이를 발판삼아 학생 자신의 진로를 정하고 진학을 준비할 수 있도록 지원하고 있다.


중학교 1학년으로 산돌자연학교에 입학하여 현재 고등학교 2학년 과정에 재학 중인 이사라 학생에게 학교에 대한 이야기를 들을 수 있었다.


[조해우] 산돌자연학교에 입학한 지 얼마나 되었나요?

[이사라] 2017년 중학교 1학년 입학하여 2021년 고등학교 2학년인 지금까지 5년 동안 다니고 있습니다.


[조해우] 자신에게 산돌자연학교는 한 마디로 무엇인가요?

[이사라] 산돌자연학교란 책을 통한 배움과 성장이 있는 학교입니다. 왜냐하면 수업 대부분이 책을 읽고 글로 자신의 생각을 표

현하며 새로운 지식을 알아가는 방식이기 때문입니다.


[조해우] 처음 입학했을 때 우리 학교와 지금의 모습을 보면서 학교가 달라진 점은 어떤 것이 있나요? 자신이 느끼기에 학교의 어떤 점이 변화하고 발전한 것 같은가요?

[이사래] 지난 5년 동안 학교에는 많은 변화가 있었는데요. 우선 제가 들어왔을 당시 초중등 밖에 없었던 학교에 2018년부터 유아 아이들이 새로 들어왔어요. 그 이듬해에는 유아학교 건물도 생기고 닭, 오리, 토끼 같은 동물들이 살고 있는 닭장이랑 오리장도 지어졌어요. 원래 없던 돌계단도 생기고 창고, 모래놀이터, 오리 연못, 데크, 텃밭도 새롭게 만들어졌습니다. 학교가 발전하는 데에는 우리 학생들도 많은 기여를 했는데요. 대표적으로 강당 테이블과 벤치도 직접 목공 작업으로 만들어 페인트칠을 하고 돌계단에 전등을 설치했던 일을 말씀드릴 수 있겠습니다.


[조해우] 학교에서 생활하면서 가장 기억에 남는 수업은 어떤 걸까요?

[이사래] 기억에 남는 수업이 많이 있지만 그중에서도 역사인물과 연계하여 진행했던 과학탐구 프로젝트 수업이 가장 기억에

남습니다.

2018년 2학기에는 역사인물로 장영실을 배우며 측우기와 앙부일구, 자격루 등을 직접 설계하여 제작했습니다. 반 친구들이 모두 다 같이 협력하여 멋진 결과를 만들어냈다는 것이 좋았고 저 역시 열심히 수업에 참여하여 큰 보람을 느낄 수 있었습니다.

2019년 1학기에는 레오나르도 다빈치를 주제로 '비투르비우스적 인간'에 대해 배우며 자신의 신체 비율을 직접 측정하고 접착제 없이 투석기와 다빈치 다리를 만드는 등의 활동을 했는데요, 수업을 통해 다빈치의 생애와 발명품, 그림에 대해 배우고 당시 활동했던 여러 예술가, 철학가, 과학자들이 만들어간 르네상스 시대를 좀 더 들여다볼 수 있었습니다.

마지막으로 2019년 2학기에 진행했던 토머스 에디슨 수업을 연계한 '학교를 밝혀라'라는 프로젝트도 말씀드리고 싶습니다. 학교로 올라오는 돌계단에 조명을 설치하기 위해 일일 찻집을 운영하여 자금을 마련하고 LED 줄 조명을 구매했습니다. 땅을 파 전선을 깔고 스위치와 거푸집을 설치하는 작업을 모두 직접 해보았는데요, 스스로 무언가를 해냈다는 뿌듯함과 함께 처음부터 끝까지 수업을 주도하는 프로젝트 수업의 진가를 느껴볼 수 있었습니다.

[조해우] 일반 학교에서 듣던 수업과 산돌자연학교의 수업은 어떤 점이 가장 차이가 난다고 생각하나요?

[이사라] 우선 교과서로 수업을 진행하는 일반 학교와는 달리 우리 학교는 책을 통해 스스로 배움을 추구한다는 게 가장 큰 차이라고 생각합니다. 저는 수업을 위해 책을 읽으며 책과 더욱 친해질 수 있었고, 책을 다 읽은 후 서평을 작성함으로써 글쓰기 실력 또한 키울 수 있었습니다.

또 학생들이 직접 수업을 진행하는 'PBL(Project Based Learning)' 수업의 비중이 일반 학교보다 많다는 것도 차이점이라고 하겠습니다. 올해는 쿠데타가 일어나 군부 독재 정권이 들어선 미얀마를 돕는 것을 목표로 삼아 '선한이웃 프로젝트' 수업을 진행했습니다. 미얀마의 상황을 어린 후배들과 학부모님들께 알리기 위해 미얀마 전시회를 개최하는 한편 선교사님이 세우신 교회의 아이들을 돕기 위해 미얀마 밀크티를 판매해서 수익금을 마련하고 아이들과 학부모님들로부터 후원금도 모금했습니다. 그런데 예상보다 많은 104만 원이 모여서 놀랐고 미얀마의 어려운 상황을 사람들에게 알리고 함께 기도하며 도움을 주었다는 것이 좋았습니다. 일반 학교는 코로나 때문에 학교에도 잘 가지 못하는데 우리 학교는 코로나 시대에 어려운 이웃을 위해 선한이웃 프로젝트를 계속할 수 있어서 감사했습니다.

[조해우] 산돌자연학교에서 생활하며 힘들었던 점도 있었을 거 같은데 어떤 점이 힘들었나요? 그리고 그것을 어떻게 극복했나요?

[이사라] 처음 입학했을 당시에 또래 친구들이 없고 중학교 1학년인 제가 가장 큰 언니여서 많이 힘들었습니다. 맏언니로서의 책임감과 외로움 때문이 아니었나 싶은데요. 입학 1년 후인 2018년에 저보다 네 살 위의 언니가 한 명 들어오면서 이 문제는 자연스레 해결되었어요. 그 후에는 학교에서 가는 수학여행이나 탐방 등 여러 활동을 통해 다른 학생들과도 더욱 친해지고 좋은 관계를 유지할 수 있었습니다.

[조해우] 산돌자연학교에서 잊을 수 없는 활동은 어떤 것인가요?

[이사라] 2019년 7월 4일부터 8월 1일까지 약 한 달 간 미국 시애틀에서 진행한 이동수업이 가장 기억에 남았습니다. 처음 해

외로 나가보는 것이기도 했고 오빠, 언니, 동생들과 함께 지내며 좋은 추억들을 많이 쌓았기 때문인데요,

평일에는 영어 수업과 자습을 하고 주말에는 주로 관광을 가거나 교회에서 예배를 드렸습니다. 영어 수업은 저희가 주말에 방문하게 될 장소를 중심으로 단어와 문장, 회화 등을 배우는 방식으로 진행되었는데요, 예를 들어, 토요일에 동물원에 간다면 여러 동물의 이름과 장소의 명칭, 길을 물을 때 사용할 필수 회화 등을 배우는 식이었습니다.

쉬는 시간에는 주로 악기를 연주하거나 탁구, 농구 등의 체육을 하며 놀았는데, 저는 농구가 가장 재밌었습니다.

마지막 주에는 레이니어 국립공원을 탐방했는데 그곳에서 본 만년설은 평생 잊지 못할 거 같아요. 난생 처음 봐서 그런지 더욱 아름답게 느껴졌습니다.


[조해우] 산돌자연학교에서 만났던 선후배를 통틀어 가장 기억에 남는 학생은 누구인가요? 그리고 그 이유는 무엇인가요?

[이사라] 저는 2018년 1학기 때 처음 학교에 들어온 네 살 위 언니가 가장 기억에 남습니다. 그 언니는 일반 학교에서 고등학교 3학년을 다니다가 우리 학교에 2학년으로 들어왔습니다. 2

년을 열심히 준비해서 자신의 진로를 찾고 서울에 있는 대학에 들어간 언니를 보면서 저도 본받고 싶다는 생각이 들었습니다. 그 언니는 지난해 학교를 찾아와 후배들을 위해 졸업생 특강을 해주기도 했어요. 제가 만나 본 사람들 중 가장 착하고 따뜻한 마음을 지닌 사람이었어요. 제가 힘들거나 마음 상한 일이 있을 때 늘 제 곁에서 위로해 주었고 제가 밝고 긍정적인 사람으로 성장하는 데 도움을 주었습니다.

[조해우] 자신의 진로와 비전을 위해 어떤 노력을 해왔나요? 학교에서 이 부분을 어떻게 도와주고 있나요?

[이사라] 저는 아직 완전히 결정하지는 않았지만 기독교 유아교사가 꿈인데요. 2018년 2학기의 사회문제 탐구 수업에서 아동학대 문제를 탐구하게 된 것이 계기가 되었습니다.

사회문제 탐구는 인권, 경제, 전쟁, 환경파괴, 아동학대 등 현대 사회에서 나타나는 여러 문제점을 각자 하나씩 주제로 선택하여 연구하고 발표하는 수업인데요. 저는 아이들에게 관심이 있어서 아동학대를 주제로 탐구하고 보고서를 작성했습니다. 그때 가정 폭력이나 교사의 학대 사례들을 조사하면서 아동의 상처와 아픔을 보듬어주고 말씀과 기도로 아이들을 보살펴 줄 수 있는 기독교 유아교사가 되고 싶다는 생각을 했습니다. 그 후에 저는 아동 문제를 다루는 책을 읽어보기 시작하였는데요, 그중에서 『제이디』라는 책이 기억에 많이 남습니다. 저는 그 책의 저자 토리 헤이든 선생님처럼 아이들을 따뜻한 마음과 사랑으로 돌보고 싶다는 생각을 했습니다.

지난 1학기부터는 교장 선생님의 제안으로 매주 화요일 진로탐구 동아리 시간에 산돌자연유아학교에 가서 아이들을 가르치고 돌봐주며 유아교사 실습을 하고 있습니다. 학교에 유아과정이 있어서 매주 실습을 할 수 있기에 큰 도움이 됩니다. 올해 4월 29일에는 CTS 방송국의 "다음세대 마이크 ON"이라는 프로그램에 출연해 아동학대의 실태와 유아 시절 성경 교육의 필요성, 그리고 저의 꿈과 비전을 사람들에게 알리기도 했습니다. 처음에는 방송에 나가는 게 너무 두렵고 부끄러워서 선생님의 제안을 거절했지만 그것을 극복하고 방송에 나간 후 더욱 자신감이 생기게 되었고 덕분에 지금 이 인터뷰에도 자신감 있게 응할 수 있었던 것 같습니다.

[조해우] 우리 학교 선생님들의 특별한 점은 어떤 것이 있나요? 자신이 생각하는 산돌자연학교 선생님들의 특징을 소개해 주세요.

[이사라] 일단 장주경 교장 선생님은 학생들을 많이 배려해주시고 학생들과 같이 여러 활동에 참여해 주십니다. 저의 담임이신 김성진 선생님께서는 저희를 많이 웃겨주시고 힘든 일이 있을 때 많이 공감해 주시는 분이세요. 중등부를 맡고 계신 고영광 선생님께서는 학업에 관련된 많은 것들을 도와주시며 모르는 것이 있을 때 열심히 가르쳐 주시는 분이십니다. 음악과 미술 수업을 지도해 주시는 공태일 선생님께서는 수업을 일찍 끝내 주셔서 좋고요. 영어 담당 이연옥 선생님은 쉽게 영어를 가르쳐 주십니다. 1학년 담임이신 이예림

선생님은 힘든 일이 있을 때 많은 도움을 주시는 분이시고, 사회 탐구 수업 담당이신 박정은 선생님은 저를 친근하게 대해 주셔서 항상 친구같이 느껴지는 분이십니다. 마지막으로 제가 일일 교사 역으로 유아학교에 갈 때 뵙는 유아학교 선생님들은 오랜 경험을 바탕으로 제가 하고 있는 활동에 관련된 조언들을 해주십니다. 학생이 선택한 길을 존중해 줌과 동시에 그 꿈을 학생이 잘 찾아갈 수 있도록 최선을 다해 도와주시고 학생들 한 명 한 명을 예수님을 섬기는 것과 같은 마음으로 대해준다는 것 또한 산돌자연학교 선생님들의 특징이라고 생각합니다.


[조해우] 생명력이 넘치는 학교는 어떤 학교라고 생각하나요? 좀 더 생명력이 넘치는 학교가 되기 위해서 학교가 어떤 준비를 하면 좋을까요?

[이사라] 저는 학교에 생명력이 넘치기 위해서는 학교 구성원 모두가 언제나 즐겁고 행복함과 동시에 서로 협력하며 지속적인 발전을 이룰 수 있어야 한다고 생각합니다. 이를 위해 학교는 학생이 행복한 생활을 할 수 있는 환경과 커리큘럼을 갖추고 아이들이 많이 들어와 보다 더 풍성한 수업과 활동 그

리고 만남을 누릴 수 있어야 하겠지요. 또한 자연과 함께하는 수업으로 아이들이 생명력을 직접 느낄 수 있도록 하는 동시에 좋은 교육과정과 학습 지도를 통해 협동 정신을 배우고 학생이 스스로 성장할 수 있는 기초를 제공해야 한다고 생각합니다. 마지막으로 학교가 이웃에 선한 영향력을 끼치며 학교 자체로도 발전해 나갈 수 있는 토대를 마련해야 한다고 생각합니다.

[조해우] 기독교 대안학교가 꼭 필요한 이유가 무엇이라고 생각하나요? 혹시 기독교 대안학교에 입학할까 말까 고민하고 있는 친구들이나 학부모님들이 있다면 어떻게 말해주고 싶나요?

[이사라] 기독교 대안학교에서는 사랑과 나눔의 가치관 그리고 성경 말씀과 예배를 통한 교육으로 학생들이 바르게 성장할 수 있는 기초적인 자질을 기를 수 있습니다. 또한 예수님을 만나 더욱 긍정적인 힘을 발휘하며 선한 사마리아인과 같은 사람으로 성장할 수 있다고 생각합니다. 다양한 학습 활동을 하며 하나님 안에서 꿈과 비전을 찾아갈 수 있는 기독교 대안학교에 오시길 바랍니다.

# 새이레기독학교

사랑과 기쁨으로 회복되는 '새이레기독학교'는 1997년 서울 송파구에서 새이레유아학교로 시작하여 한국 기독교 대안학교의 첫걸음을 같이한 학교입니다. 이후 2014년, 하나님께서 창조하신 아름다운 자연과 어우러진 경기도 양평으로 학교를 이전했습니다.

새이레기독학교는 기독교 영성을 기초로 한 지·정·의가 통합적으로 성장하여 전인적으로 예수님의 성품을 닮은 인격인을 양성하고, 하나님이 주신 비전을 찾아 전진하여 하나님의 나라를 이루어나가는 비전인 양성 및 이 땅에서의 필요한 실력을 갖추어 배운 것을 통해 다른 사람들을 일으켜 줄 수 있는 나눔인으로 삶을 살아가고 책임을 다하는 그리스도인 양성 등에 교육목표를 두고 있습니다.

이러한 교육목표를 성취하기 위해 기독교적 삶을 형성하는 '되자', '알자', '하자'라는 교육과정을 토대로 교육이 이루어지고 있습니다.

'되자'는 성경, 성품, 예배를 통해 하나님의 형상으로 창조된 학생들이 예수님 안에서 건강한 자아와 인격을 가지도록 교육하는 교육 내용을 포함하고 있습니다.

'알자'는 기본교과 과목과 스피치, NIE, Why수업 등의 통합수업, 인문학, 중국어나 세계사와 같은 특성화 수업을 통해 하나님께서 만드신 세계를 알아가고 또한 학생 스스로 배움의 길에 들어설 수 있게 합니다.

'하자'는 학생의회, 성실 도우미, 포트폴리오와 같은 자치활동과 효 잔치, 교내 대청소 등의 봉사와 역사여행, 스터디 캠프, 새마음 공동체 캠프와 같은 다양한 캠프를 통해 체험함으로 배운 것을 삶에 적용하여 배움이 삶이 될 수 있게 하는 교육과정입니다.


새이레 학생들은 틈새 학습으로 매일 초등 1분, 중등 3분, 고등 5분 스피치를 실시하고 매일 새로운 단어와 사자성어, 속담을 외웁니다. 또한 일주일에 클래식 한 곡을 듣고 작곡가와 작품을 비교하여 감상하고 발표합니다. 반마다 각 수준에 맞는 시 한 편을 정해서 시를 암송하고 낭독하기도 합니다. 이뿐 아니라 한 해를 시작하는 캠프를 통해 결단한 것을 체크표로 만들어서 하루를 돌아보고 매일 다른 사람을 칭찬하고 사랑의 말을 합니다. 새이레기독학교의 일상을 보면 하루하루 그 자체가 값지고 보람찹니다. 새이레기독학교의 매일이 교육의 현장입니다. 선생님들의 모습을 통해, 학생들 서로의 모습을 통해 배움이 이루어지는 공동체입니다.

하나님께서 창조하신 아름다운 자연 속에서 사계절을 온몸으로 느끼며 그 안에서 하나님의 사랑으로 서로를 사랑하고 기쁨이 넘치는 곳은 바로, 사랑과 기쁨으로 회복되는 새이레기독학교입니다.

[한주안] 가장 기억에 남는 수업이나 프로그램은 무엇이고 그것을 통해
　　　어떤 성장과 배움이 일어났나요?

[허희원] 가장 기억에 남는 수업은 성품 수업이에요. 저는 성품 수업
　　　을 통해서 처음으로 진지하게 사랑, 정직, 성실 등 다양한
　　　성품에 대해 고민해보고 생각해보았어요. 성품 수업은 일
　　　주일에 2시간 있는데, 매일매일 성품 실천서를 작성함으로
　　　성품 실천이 이루어져요. 사실, 하나님을 믿는다고 말하는
　　　많은 사람들이 성품에 대해서 많이 들어 봤겠지만, 실제로
　　　그 성품에 대해 진지하게 고민해 본 적은 없을 것이라고 생

각해요. 왜냐하면 성품이 삶에서 나타나야 하고 실천해야 함을 알지만 그렇게 하기까지 과정에서 발생하는 문제들을 회피하고 싶어 그 자체에 대해 알려고 하지 않는다고 생각해요. 하지만 성품 수업을 통해 문제를 회피하지 않고 해결 방법을 스스로 고민해보고 왜 우리가 성품을 실천해야 하는지에 대한 당위성을 나누면서 성장해갔어요.

저는 저의 근본적인 생각이나 마음을 변화시키기 굉장히 어려웠어요. 사랑 성품을 배우면서 정말 너무 화가 나는데 왜 사랑해야하나 싶으면서 이 정도 미움은 당연하다고 생각했어요. 하지만 그것이 완전히 틀렸음을 알고 돌아보면서 저의 마음과 생각을 돌아볼 수 있었어요. 지금은 다른 사람에게 보여줄 것은 오직 사랑밖에 없다는 것을 인정하고 있고 이렇게 살 수밖에 없다는 것을 알고 있으며 그렇게 사는 것이 복임을 알고 있어요.

[한주안] 생명력 넘치는 학교는 어떤 학교라 생각하고, 좀 더 생명력 넘치는 학교가 되기 위해서 학교가 어떤 준비를 하면 좋을까요?

[허희원] 생명력이 넘치는 학교는 사랑과 기쁨이 있는 학교라고 생각해요. 사랑은 예수님께서 나에게 하셨듯이 다른 사람에게

행하는 것이에요. 사랑이 있는 공동체가 진짜 하나님 나라의 공동체고 서로를 천국의 길로 이끌 수 있는, 생명의 길로 이끌 수 있는 공동체에요. 그리고 그 공동체에는 당연히 기쁨이 있을 수밖에 없어요. 생명이 있는데 안 기쁠 수가 없으니까요.

사랑과 기쁨이 가득한 학교가 되기 위해서는 그 사랑을 나누고 전해야 한다고 생각해요. 하나님의 사랑을 진짜 알고 그 사랑 때문에 다른 사람을 사랑할 수밖에 없는 학교가 되어야 하고 그런 학교 공동체는 학교를 구성하고 있는 선생님들과 학생들이 만드는 것이라고 생각해요.


[한주안] 기독교 대안교육이 필요한 이유와 앞으로 기독교 대안교육을 고민하고 있는 친구들이나 학부모님들에게 전하고 싶은 한 마디는 무엇인가요?

[허희원] 교육은 사람이 사람답게 살 수 있도록 가르치는 것이라고 생각해요. 학생시절 배우는 12년이 앞으로 살아갈 60년을 좌우한다고 할 수 있는 힘을 가졌고 학생이 앞으로 살아갈 인생의 방향을 결정해요. 이렇게 중요한 교육이 학생의 삶에 완전히 적용되려면 그 교육은 어떤 행동과 말 그 자체를

가르쳐서는 안 되고 학생이 스스로 옳은 행동과 말을 할 수 있도록 해야 한다고 생각해요. 하지만 현재 공교육은 지식 전달을 중점에 둔 교육이 우선이고 학생들의 인생 자체에 대한 교육은 미흡하다고 생각해요. 그러나 기독교 대안교육은 지식만을 알려주지 않고 학생의 인생 방향을 잡아주고 가르쳐줘요. 하나님의 말씀을 기반으로 한 교육이기에 하나님께서 기뻐하시는 인생의 방향을 가르치는 교육이에요. 그렇기에 기독교 대안교육은 반드시 필요한 교육이라고 생각해요.

기독대안학교에 입학을 고민하는 친구들에게 하고 싶은 말은 빨리 입학하라고 말하고 싶어요. 입학을 고민하는 그 시간이 너무 아깝고 빨리 오라고 말하고 싶어요. 저는 새이레에 입학할 것인가를 1년 동안 고민하고 왔는데 고민했던 저의 1년이 너무 아까워요. 시간을 되돌릴 수 있다면 유아로 돌아가서 유아 때부터 새이레에서 교육받고 싶을 정도에요. 학생시절에 기독교 대안교육을 받을 수 있다는 것이 정말 축복이고 제가 이 교육을 받았다는 것이 자랑스럽고 감사해요. 모든 학생들이 제가 받고 있는 이 교육을 반드시 받아야 한다고 생각해요.

[한주안] 학교에 어떻게 오게 되었나요?

[허희원] 저보다 먼저 새이레에 간 둘째 언니의 모습을 보고 새이레에 가게 되었어요. 원래 제가 알고 있는 둘째 언니는 친구들 만나기만 좋아하고 동생들에게는 말로만 놀아주겠다고 하는 언니였고, 집에 오면 친구들과 연락하기에 여념이 없었고 부모님과 말다툼을 많이 했던 언니였어요. 그런데 언니가 새이레에 간 이후 아예 달라졌어요. 새이레학교는 기숙학교여서 월요일에 등교하고 금요일에 하교를 하는데 언니가 오는 금요일만 되면 집 분위기가 달라질 정도로 선한 영향력을 끼치는 언니가 되었어요. 새이레에서 깨닫고 배운 것을 나누고 부모님 말씀을 잘 듣고 자매들에게 먼저 웃는 모습으로 다가와서 성품을 같이 나누자고 말하는 언니로 변했어요. 완전히 다른 사람이 된 언니의 행복한 모습을 보면서 저도 새이레 교육을 받고 싶다는 생각이 들어서 2016년 12월에 새이레학교로 진학했어요.

[한주안] 일반 학교와 다른 특별한 수업에는 뭐가 있나요?

[허희원] 새이레학교에는 와이 수업과 성품 수업, 성경 수업, 숲 교육, 인문학 산책, 공예 수업, 발레, 미디어로 세상보기 수

업, 무용, 악기 등 정말 다양한 수업이 많아요.

그중 전체 학년이 받고 있는 '와이 수업'에 대해 말씀드리고 싶어요. 일상에서 그냥 지나쳤던 생각, 물건들에 저희는 매주 '왜?', '어떻게?', '만약에 이랬다면?'이라는 질문을 50개 작성하고 와이 수업 시간에 서로의 와이를 들어요. 또한 일주일 동안 스스로 작성한 시 2개와 삼행시 1개도 같이 나눠요. 이렇게 서로의 생각을 들으면서 자신이 미처 생각하지 못했던 부분에 대해서 생각하고 실제로 그 와이를 실천하기도 해요. 와이 수업을 통해 시집 출판하기, 영화 만들기, 치킨 만들기, 영어로 대본 만들어서 1인 1극 하기, 아이스크림 만들기

등 많은 도전을 했어요.

할 수 없을 것이라고 생각했던 일들, 상상하지도 못했던 일들을 직접 도전하면서 실패도 성공도 겪었어요. 와

이 수업 이전에는 도전하기를 굉장히 어려워했고 가능성을 먼저 따졌었는데 이제는 뭐든 도전하는 사람이 되었고 일상의 문제들에 대해 지나치지 않고 사고할 수 있는 사람이 되었고 모든 일상생활 속에서 질문을 던짐으로 문제를 그냥 넘어가지 않고 문제에 대해 해결 방안을 찾고 시도해서 문제를 해결하는 사람이 되었어요.

[한주안] 학교에서 가장 기뻤던 일은 무엇인가요?

[허희원] 기도를 드리거나 찬양을 드리거나 예배를 드리는 시간이 하나님으로 인해 기뻤던 순간입니다. 기도회 시간, 예배 시간이 아니더라도 잠자기 전에 기도드리고 자는 시간, 절기예배를 기도로 준비하는 시간 등등 다양한 상황 속에서 형식과 가식적인 모습이 아니라 진심으로 하나님께 기도드리고 찬양하는 시간이 가장 기뻤습니다.

[한주안] 학교의 일정은 어떻게 되나요?

[허희원] 매일 아침마다 신체활동과 예절교육을 하고 씻은 다음에 예배를 드리고 오전 수업을 받은 후, 점심 기도회 시간을 가져요. 그리고 맛있는 점심을 먹은 후에 오후 수업을 받아

요. 그 중간에 간식을 한 번 먹고 저녁 기도회를 한 다음에 청소 또는 악기 연습, 자유 운동 및 자유시간을 가져요. 그리고 이후에 저녁밥을 먹고 자습한 다음에 취침해요.

[한주안] 학교에 와서 무엇이 변화되었나요?

[허희원] 이것을 글로 쓰라고 하면 아마 책 한 권을 써야 할 수도 있을 것 같아요. 가장 크게 변화된 것은 제 가치관이에요. 저는 사람을 바꾸는 교육이 이루어졌다고 말할 수 있으려면 학생의 가치관이 바뀌어야 한다고 생각해요. 가치관이 안 바뀌면 삶이 변할 수가 없고 배운 것은 일정 행동 양식으로 한정되기 때문이에요. 그런데 저는 새이레에 와서 가치관이 변했어요. 저는 새이레 오기 전부터 착하다는 말을 많이 들었지만 학년을 거듭할수록 저는 점점 감정적인 사람이 되었고 사람을 가려가면서 착한 척은 다 하고 뒤돌아서는 하고 싶은 대로 다 하고 살았어요. 새이레 오기 전까지 숙제를 다 해간 적도 손에 꼽을 수 있을 정도였어요. 숙제를 다 해가야 한다는 생각 자체도 없었고요. 모태 신앙인이었지만 하나님을 사랑하지 않았고 언제든지 교회를 떠날 수 있었지만 학생 신분이기에 어쩔 수 없이 교회를 다녔어요.

스스로는 알고 있는 제 마음과 배운 대로 해야 하는 의무감 때문에 충돌이 많았어요. 이랬던 제가 새이레에 온 이후 하나님을 믿고자 하는 갈급함이 생겼고 기도회 시간에 하나님을 만나게 되었어요. 그리고 그 이후로 제 가치관이 달라졌어요. 인격적인 부분의 변화는 새이레 초창기 때부터 있었지만 제 가치관이 변한 것은 하나님을 만난 2020년이에요. 공부 자리에 스스로 선택해서 들어가게 되었고 힘들었던 기도회 시간이 금방 지나가고 하나님을 알아가는 예배 시간이 기대돼요. 지금 저는 하나님의 살아계심을 확신하고 다른 사람에게 사랑을 나눠주는 것이 제 삶의 행복이라고 말할 수 있어요.

[한주안] 학교에서 가장 본받고 싶은 사람은 누구인가요?

[허희원] 새이레학교 목사님, 모든 선생님을 다 본받고 싶지만 그중에 가장 본받고 싶은 분은 교장 선생님이세요. 교장 선생님은 하나님 나라를 이루며 사는 것이 무엇인지 삶으로 보여 주세요. 새이레 공동체에 있는 한 명, 한 명을 위해 중보 기도해 주시고 잘못된 길로 가면 바로 권면해 주세요. 교장 선생님이 계신 자리에는 늘 화평이 있고 분열, 분쟁이 전혀

없어요. 먹는 것, 자는 것, 입는 것까지 다 생각하시고 챙겨주시고 무엇보다 학생들과의 상담, 기도로 영의 양식을 챙겨주세요.

매일 아침마다 교장 선생님께 인사드리면 항상 웃으시면서 받아주세요. 교장 선생님을 뵈면서 '정말 예수님의 제자라고 말할 수 있는 사람은 이런 분이시구나.' 라는 생각이 들었어요. 무엇보다 교장 선생님의 사랑이 느껴져요. 공동체를 가꾸시는 모습에서도 학생들을 대하시는 모습에서도 더 많은 학생들이 건강한 몸과 마음으로 자라기를 원하시는 마음에서도 사랑이 보이고 느껴져요.

저도 교장 선생님처럼 다른 사람에게 당당히 하나님을 믿는 사람이라고 말할 수 있고 그렇게 인정받는 사람이 되고 하나님의 사랑이 가득한 사람이 되고 싶어요. 그리고 그 사랑을 전하는 사랑의 메신저가 되어서 제가 하나님께 자랑이고 기쁨이 되고 싶어요.

# 샘물중고등학교

샘물중고등학교는 자녀를 가정, 교회, 학교가 함께 그리스도의 제자로 양육하기 위해 2009년 설립되었다. 성경과 성경적 세계관에 기초한 기독교 교육으로 '섬기는 예수제자'를 길러내는 것을 목표로 한다.

지금은 경기도 용인시 기흥구에서 제법 규모를 갖춘 학교의 모습이지만 처음에는 번듯한 건물도 없이 교회 한 층을 빌려 시작되었다. 이후 상가 건물에서 주변 공원을 운동장 삼아 생활했지만, 운동장 없이 생활하는 학생들을 안타깝게 생각하신 부모님들과 선생님들의 기도로 운동장을 갖춘 지금의 학교로 2014년에 이사를 하게 되었다. 체육관과 도서관, 유·초등학생들이 생활하는 공간인 은혜관을 공사할 때 학생들이 빙 둘러서서 손을 잡고 기도하기도 했다.

지금의 샘물학교(은혜샘물유치원, 은혜샘물초등학교, 샘물중고등학교)
가 누리는 공간은 학부모님들과 선생님, 학생 모두의 기도로 만들어
졌다. 현재 샘물학교는 샘물관과 은혜관, 6개의 부속건물, 실내·실
외 체육시설, 자연친화적 학습 공간까지 갖추고 있다.

　샘물학교는 3세반부터 있는 유치원, 초등과정 6개 학년, 중등과
정 3개 학년, 고등과정 3개 학년으로 이루어져 있다. 중고등학교는
7학년부터 12학년까지 총 19개의 학급으로 한 학급 당 13-20명이
다. 10학년 학급 인원 수가 가장 작은데, 고등학교 생활을 처음 시
작하는 학생들을 위한 학교의 배려다.

　샘물중고등학교는 동아리 활동, 튜터·튜티, 멘토·멘티, 동아리
활동을 하며 후배와 선배가 끝없이 소통하고 학생들 안에서 공동체
를 형성하는 법을 배운다. 이야기 수학, 배움 더하기, 방과 후 자기
주도학습, 진로상담 등을 통해 하나님이 '나'에게 주신 달란트를 발
견하고 자신의 진로나 학업에 깊이 집중하는 시간을 보낼 수 있다.

　봄에는 봄 컨퍼런스를 통해 선후배가 소통하고 학급 안에서 친
해질 수 있는 시간을 가진다. 국토순례에서는 7학년부터 11학년까
지 전 학년이 조를 이루어 4박 5일 동안 70여 km를 걷는다. 순례의

길을 함께 걸으며 길 되신 예수 그리스도를 묵상하고 공동체 안에서 섬김과 배려를 배운다. 가을에는 가을 컨퍼런스를 통해 자신의 진로, 꿈에 대해서 집중할 수 있는 시간을 가진다. 겨울에는 샘물문화축제를 통해 학생들의 끼와 재능을 발산하고 배움의 결과물을 발표한다. 학생들과 선생님들이 하나가 되어 즐길 수 있는 축제 시간이다. 이 외에도 고등학생들은 호스피스병원, 해피트리와 같은 사회적기업 등을 방문하여 봉사활동을 하면서 인생과 섬김에 대해 깊이 생각하고 실천할 수 있는 기회를 가진다. 9학년은 졸업여행으로 중학교 시절 마지막 특별 추억을 쌓고 돌아온다. 10학년은 비전트립을 통해 국내외 선교지에서 복음의 능력과 하나님의 은혜를 경험하는 시간을 갖는다. 12학년은 수능을 마친 후 일주일 동안 새벽부터 무료 급식소로 가서 샘물에서 배운 것들을 실천하고 그동안의 배움을 정리한다.

성경적 세계관을 바탕으로 국, 영, 수, 사, 과, 음, 미, 체를 공부하지만 샘물만의 특별한 수업들이 있다.

7학년의 '노작' 수업은 텃밭을 가꾸는 과정을 통해 자연의 섭리와 땀의 가치 등을 배운다. 텃밭에서 거둔 수확물은 학부모님이나 선생님들께 판매하여 수익금을 기부한다. 가을에는 텃밭에서 수확

한 배추로 7학년 학생들이 김장을 하고 급식 반찬으로 올리기도 한다. 수확의 기쁨을 학교 모든 구성원과 나누는 생산적인 수업이다.

또 7, 8학년에 각각 편성되어 있는 '샘물 수업'은 '음악＋미술＋연극'이 어우러진 수업으로, 수업에 참여하는 모든 구성원이 자신만의 역할을 맡아 책임감을 기르고 재능을 발휘하며 함께 힘을 합쳐 하나의 공연을 무대에 올린다.

고등학교 교양 선택 수업은 10, 11학년 학생들을 대상으로 열리는데, '중국어 입문/실전', '세상을 담는 드로잉', '논리적 말하기', '예술 감상과 소통', '슬로우 리딩', '남북평화' 등 다양한 수업이 있다. 그중에서 '공연예술(뮤지컬)'수업은 수강신청이 가장 치열한 수업이다. 두 개 학년이 함께 만들어가는 수업으로, 겨울학기 샘물문화축제에 무대에 오르는 것이 전통이 되어 있으며 끼와 재능을 발산하는 학생들의 연기로 놀라운 공연이 축제의 하이라이트가 된다.

11학년부터는 문과, 이과, 예체능으로 나뉘어 자신의 진로에 관련된 수업을 더 깊게 배우며 진학과 진로를 조금 깊이 준비한다.

독서 수업은 7학년에서 11학년까지 모든 학년에서 이루어진다. 학생들이 원하는 분야의 책을 읽고 선생님과 친구들과 생각을 나누며 즐거운 독서의 경험을 누리는 수업이다.

샘물중고등학교 이야기는 중학교 7학년에 입학하여 중등과정을 마치고 고등학교 11학년에 재학 중인 '김하민' 학생이 소개해 주었다. 김하민 학생은 현재 샘물고등학교에서 학생회장인 '샘지기'로 활동 중이다.

[이수빈] 학교에 지원하게 된 계기는 무엇인가요?

[김하민] 저는 샘물교회를 다니고 있어서 샘물학교라는 존재를 이미 알고 있었어요. 초등학교를 졸업하고 중학생이 되기 전, 부모님의 권유로 학교에 지원하게 되었어요.

[이수빈] 샘물중고등학교를 다니며 가장 기억에 남는 수업이나 프로그램(프로젝트)은 무엇이고 그것을 통해서 어떤 성장과 배움이 일어났나요?

[김하민] 수업은 8학년에 했던 샘물 수업이 가장 기억에 남아요. 왜냐하면 샘물 수업을 통해 연극을 준비하게 되었기 때문이에요. 연극은 딱 한 명만이 준비해서 되는 게 아니고 연기하는 사람, 대본 쓰는 사람, 방송반 친구들이 필요해요. 저는 각자의 역할을 가진 8학년 친구들이 다 함께하나의 연극을 올렸을 때 가장 뿌듯했고 되게 작은 역할일지라도 하

나하나 다 모였기에 연극 하나를 올릴 수 있다는 것을 알게
되었고 거기에서 많은 성장이 일어났어요.

그리고 가장 기억에 남는 프로그램은 국토순례에요. 국토
순례에서 가장 인상 깊은 순간은 68km를 모두 완주하고
우리가 얼마나 걸었는지 후배, 선배들과 돌아볼 때예요. 국
토순례를 가서 후배, 선배들과 정말 많이 친해졌어요. 그래
서 많은 사람들이 모여 긴 길을 함께 걷고 학년이 올라갈수
록 책임감도 느끼게 되고 섬김을 배우게 되는 것이 국토순
례를 통해 얻을 수 있는 가장 큰 성장이에요. 코로나19로
작년에 가지 못해서 많은 학생들이 아쉬워했고 올해도 갈
수 있을지 장담할 수 없는 상황이지만 많은 학생이 여전히
기다리고 기대하는 프로그램이에요.


[이수빈] 학교에서 만났던 기억에 남는 선생님/선배가 있나요?

[김하민] 저는 7학년 때 저의 담임 선생님이셨던 반디 쌤이 가장 기
억에 남아요. 반디 쌤께서는 여자가 다 한 반일 때 담임 선
생님이셨어요.

기억에 남는 이유는 우리를 한 반으로 크게 보시는 것이 아
니라 11명 개인 개인을 봐주시려고 하는 게 느껴졌기 때문

이에요. 조언을 해주실 때도 굉장히 공들여서 해주셨고, 제가 조심했던 행동들에 대해서 "이렇게 하면 어떨까?" 하고 해결책을 주시며 저에게 맞춰 상담해 주셨어요. 혼이 날 때도 그냥 이 학생을 야단치시려고 하는 것이 아니라 정말 이 학생이 깨닫고 고쳐졌으면 하는 마음으로 혼내시는 게 눈에 보였어요.

[이수빈] 샘물학교만의 장점/자랑하고 싶은 것은 무엇이 있나요?

[김하민] 일단 자랑하고 싶은 것 1위는 급식이에요. 왜냐하면 셰프님이 정성을 다해서 만드시고 원래 레스토랑을 하셨던 분이시기에 급식은 정말 최고예요. 학생들이 가장 좋아하는 급식은 아마 토마토 스파게티일 거예요.

두 번째는 학교 시설인데, 일반 학교와 비교했을 때 뒤처지지 않게 훌륭한 시설을 가지고 있다고 생각해요. 제가 우리 학교 시설 중에 가장 좋아하는 곳은 은혜관과 바비큐장, 풋살장이에요. 은혜관은 도서관이나 체육관이 있어서 좋고, 바비큐장과 풋살장은 일반 학교가 가지고 있지 않은 시설이라 자부심이 있어요. 그리고 우리 샘물 캠퍼스는 각 계절마다 꽃이 많이 피고 계절마다 풍경이 달라지는데 그것도 일반 학교에서는 볼 수 없는 것이라고 생각해요.

세 번째는 깨끗한 학교예요. 학생들이 생활하는 공간이라 조금 지저분한 곳이 있기 하지만, 복도와 화장실을 청소해 주시는 여사님들 덕분에 학교가 정말 깨끗해요. 입학하기 전에 학교를 방문했을 때 깨끗한 학교에 놀랐던 기억이 있어요.


[이수빈] 학교생활을 하면서 어려웠던 점/힘들었던 점은 무엇인가요?

[김하민] 저는 학교에서 학생회장인 '샘지기'를 맡고 있어요. 샘지기의 역할은 학교와 학생이 소통할 수 있도록 중간 역할을 해주는 것인데 그게 정말 힘들어요. 학교에서는 학교가 바라는 학생의 모습이 있고, 학생들은 학생들이 바라는 학교의 모습이 있는데 이 두 개를 모두 충족시키기가 쉽지 않아요. 그래서 풀뿌리가 존재하지만 최종적으로 검토하고 결정하는 것은 샘지기의 역할이기에 많은 지혜가 필요해요. 열심히 노력해서 한 개의 결과를 내놓았는데 그게 모두를 만족시키지 못하고 비판을 받을 때, 그때가 가장 억울하면서도 힘든 부분이에요.

이외에도 학생으로서는 공부가 가장 힘들어요. 우리 학교는 고등학생이 되면 매주 수요일마다 '주맺음'이라는 시험을 보는데 그런 시험 외에도 고정된 시험이나 과제가 많아서 힘들 때가 많아요. 샘물에는 열심히 참여하고 싶은 학교 행사나 프로그램이 학기마다 있어요. 학교생활을 충분히 즐기면서 공부도 열심히 하려니 때로는 힘든 것도 있어요. 특별히 고등학생이 되니 관계나 학교생활 이런 것들보다도 학업에서 힘들 때가 더 많아지는 것 같아요.

[이수빈] 학교는 자신에게 어떤 의미인가요? 또 그런 의미를 주게 된 이유는 무엇인가요?

[김하민] 샘물학교는 저에게 '사계절'이에요. 왜냐하면 샘물에서는 계절마다 할 수 있는 특별한 활동이 많아요. 봄에는 봄 컨퍼런스와 국토순례, 여름에는 맺음(지필고사), 가을에는 가을 컨퍼런스, 겨울에는 샘물 문화축제가 있어요. 이런 식으로 사계절마다 프로그램이 짜여 있고 계절 계절마다 성장하는 것이 있기 때문에 사계절이라고 말하고 싶어요. 학기마다 중요한 프로그램을 경험하고 계절이 지남에 따라 사람이 점점 깊어지게 돼요.

[이수빈] 생명력이 넘치는 학교는 어떤 학교라고 생각하나요?

[김하민] 모든 학교는 학생을 가지고 있어요. 기독대안학교인 샘물학교는 그냥 학생들을 길러내는 것이 아니라 학교에서 기독교 교육을 받고 성장해서 세상에 선한 영향력을 줄 수 있는 학생을 길러내요. 저는 이게 생명력이 넘치는 학교라고 생각해요. 이 세상이 '기독교'라는 말을 꺼내기 어려운데 이런 곳에서 내가 기독교 교육을 정말 잘 받아서 하나님의 이름을 세상에 알리는 학생이 되는 것, 그리고 그런 학생을 길러내는 것이 생명력이 넘치는 학교라고 생각해요.

[이수빈] 좀 더 생명력이 넘치는 학교가 되기 위해서 학교가 어떤 준비를 하면 좋을까요?

[김하민] 학교와 학생의 소통이 좀 더 활발했으면 좋겠어요. 어디나 그렇겠지만, 소통하는 것은 어려워요.

그래서 학교에서 학생의 목소리를 듣고 있다고 하더라도 걸러지는 것이 많아요. 그래서 저는 학교 입장에서 학생들의 이야기를 좀 더 이해해주려는 자리가 더 있었으면 좋겠어요. 또 학생들도 학교 규칙에 부정적으로만 보려고 하지 않았으면 좋겠어요. 학생들이 학교가 어렵게 만든 규칙에

대해 계속해서 부정적이면 소통이 안 될 수밖에 없어요. 좀 더 생명력이 넘치는 학교가 되기 위해 학생과 학교 사이에 적당한 타협이 일어나고 서로의 목소리를 듣고 존중하려는 마음을 가졌으면 좋겠어요.

우리 학교는 이 부분을 위해서 '풀뿌리'라는 학생자치회가 있어요. 여기서 결정된 사항들을 샘지기는 선생님들에게 알려드리고 풀뿌리 구성원들은 학생들에게 전달해요. 학생과 학교가 직접 소통하기는 어렵기 때문에 풀뿌리가 중간 역할을 하는 거죠. 학생들의 이야기를 풀뿌리가 더 잘 들을 수 있도록 설문조사를 한 적도 있어요. 모든 학교에 풀뿌리 같이 학생과 선생님을 이어주는 학생조직이 있으면 좀 더 생명력이 넘치는 학교가 될 수 있을 것 같아요.

[이수빈] 기독교 대안학교가 필요한 이유는 무엇이라고 생각하나요?

[김하민] '기독교'라는 것이 부정적으로 보이는 세상에서 우리는 살아가고 있어요. 그런 세상에서 살아가며 기독교인으로서 우리가 더 목소리를 내야 한다고 생각해요. 그런데 그 목소리는 기독교 교육 없이는 내기 힘들어요. 세상에 기독교에 대한 목소리를 낼 수 있는 학생들을 성장시키기 위해서 꼭 필요하다고 생각해요.

[이수빈] 앞으로 기독교 대안교육을 고민하고 있는 친구/학부모님들에서 전하고 싶은 한마디는 무엇인가요?

[김하민] 우선 친구들에게 전하고 싶은 말은 지금 샘물을 다니고 있는 우리도 모두 고민하고 학교에 들어오게 되었어요. 우리도 다 똑같은 고민을 했다는 것을 알려주고 싶어요. 그리고 기독교 교육이라는 것에 대해 환상을 갖거나 부담을 가지지 않았으면 좋겠어요. 세상을 살아가면서 그리스도인으로 세상을 어떻게 살아가야 하는지 연습하는 거라고 생각하면 좋을 것 같아요. 우리도 기독교 교육만을 하는 것이 아니고 여러 가지 일반적인 수업을 들어요. 그리고 한 번밖에 없는 학창 시절을 특별하게 보내고 싶다면 꼭 들어왔으면 좋겠

어요. 기독교 학교에서만 경험할 수 있는 활동과 섬김을 놓치지 않았으면 좋겠어요.

학부모님들께는 우리 학교가 학부모 설명회에서 늘 말하는 문장인 '자녀에게 줄 수 있는 가장 큰 선물은 하나님을 아는 교육입니다'를 말씀드리고 싶어요. 저는 이게 참 맞는 말이라고 생각해요. 부모님들께서 제안하지 않고 학생이 자발적으로 오는 경우는 정말 적어요. 그러니 학부모님들께서 더 나서서 권유해 주셔야 한다고 생각해요. 학생들이 관심을 갖기 전에 먼저 기독교 교육에 관심 가져주시고 학생들에게 권유해 주세요. 그리고 기독교 교육에 대해 의심을 하시거나 비판적으로 보시는 경우가 많은데 그렇게 보시지 않았으면 좋겠어요. 의심하시기보다는 학생을 더 멋진 어른으로 성장시키기 위해서 기독교 교육이 꼭 필요하다 그런 생각을 가져주시고 기독교 교육에 관심 가져주셨으면 좋겠어요.

# 생수의강기독학교

통일세대, 생명의 통로를 세우는 하나님의 학교!

생수의강기독학교는 수지선한목자교회 부속 기독중고등학교로 통일한국 시대를 섬길 하나님의 일꾼을 준비하는 소명을 가지고 시작되었습니다. 2019년 3월에 개교하여 성령님의 인도하심 안에서 생명력을 가지고 성장하고 있습니다.

생수의강기독학교는 그리스도 중심, 그리스도의 긍휼, 그리스도의 열정이라는 핵심 가치가 교과과정 안에 녹여져 삶으로 실천하는 성경적 PBL 수업이 특화되어 있습니다. 생수의강기독학교 공동체는 'Unity in Christ(십자가 아래 하나 되어!)'의 슬로건 아래 하나님의 눈으로 북한을 바라보고 함께 기도하며 통일을 삶으로 실천합니다.

북한 이해 발표 수업, 북한 중보기도 모임과 북한 이탈주민, 대학생 등 사회 각지의 멘토들과의 지속적인 교류와 협력을 통해 생기 공동체는 북한 땅을 향한 하나님의 마음에 공감하며, 북한을 이해하고 통일에 대한 균형 잡힌 시각을 키워나갑니다.

또한 긍휼 프로젝트와 크루 등 여러 실천적 활동들을 통해 통일한국에서의 스스로 역할을 고민하고 통일을 실제적인 삶으로 살아내는 것을 함께 경험합니다.

[정서연] 생수의강기독학교를 다섯 글자로 표현한다면?

[백주원] '터닝 포인트'라고 하고 싶습니다. 왜냐하면 저는 이 학교에 오고 난 후로부터 정말 제 삶의 많은 것들이 변화되었습니다. 성격, 습관, 신앙, 삶의 패턴, 관심 분야 등등 많은 것이 바뀌었는데요. 그 이유는 우리 학교가 정말 예배가 살아 있고, 통일세대를 키우는 학교이기 때문인 것 같습니다.

저는 우리 학교의 열린 예배 시간에 예수님을 만나게 되었고, 그때부터 저의 삶은 변화되었습니다. 물론 나를 변화시킨 것은 하나님의 능력이지만, 선생님들의 헌신과 기도 그리고 살아 있는 예배가 있는 학교가 중요한 역할을 했다고 생각합니다. 그래서 저는 생수의강기독학교를 '터닝 포인트'라고 표현하고 싶습니다.

[정서연] 가장 기억에 남는 수업이나 프로그램(프로젝트)은 무엇이고, 그것을 통해 어떤 성장과 배움이 일어났나요?

[백주원] 가장 기억에 남는 프로젝트는 긍휼 PBL 수업에서 이어진 'UIC 프로젝트'입니다. UIC는 'Unity in Christ'의 약자로 '십자가 아래 하나 되어'라는 뜻을 지니고 있습니다. UIC는 남과 북이 예수 그리스도 안에서 하나 되길 소망하는 마음에서 붙여진 이름입니다. 저희는 이 UIC 프로젝트를 통해 먼저 넘어온 탈북민 친구들과 함께 십자가 아래 하나 되는 작은 통일을 이루어 나가고 있습니다. 이 UIC 프로젝트의 시작은 저희 학교 정규 교육과정에 포함되어 있는 긍휼 PBL(Project Based Learning) 수업 시간으로부터 비롯되었습니다.

긍휼 PBL 수업은 우리가 받은 하나님의 긍휼을 흘려보내기 위하여 하나님께서 아파하시는 긍휼의 대상을 정하고 그들을 위해 우리가 무엇을 할 수 있을지 생각하고 직접 프로젝트를 기획해 실천하는 시간입니다.

저희 학교의 첫 긍휼 PBL 수업 시간에 학생들이 직접 정한 긍휼의 대상은 '북한'이었습니다. 처음에는 북한 관련 다큐를 보는 등 북한에 대해 알아가는 시간을 가졌습니다. 그러다가 몇 명의 친구들은 중국에 가서 제3국 출생 탈북민 친구들과 만나서 함께 예배하고, 제3국 출생 탈북민 한 아이를 위한 모금 활동을 진행하며 우리의 북한을 향한 마음들은 점점 더 커져가게 되었습니다.

그 다음 해인 2020년에는 하늘꿈학교 졸업생이신 '한옥진' 선생님이 우리 학교에 오게 되셨고, 옥진 선생님을 통하여 저희는 북한이라는 나라에 대해 더 많이 알아가게 되었고 북한을 향한 하나님의 마음을 느낄 수 있었습니다.

두 번째 해 긍휼 PBL 수업 시간에도 우리의 긍휼의 대상은 북한이 되었고, 우리는 이때부터 UIC 프로젝트를 기획하게 되었습니다.

저희의 UIC 프로젝트는 크게 세 가지로 나눌 수 있습니다. 첫 번째는 UIC 기도회로 매주 수요일 7시에 남과 북의 UIC를 위해 기도합니다. 두 번째는 UIC 연합예배로 매달 둘째 주 토요일 남과 북의 다음 세대들과 통일을 꿈꾸는 모든 세대가 하나 되어 하나님을 예배하는 시간이며, 세 번째는

UIC 캠프로 남과 북의 청소년들이 예배하며 더욱 가까워지는 시간을 가집니다.

저는 원래 우리 학교를 다니기 전에는 정말 북한에 전혀 관심이 없었고, 통일을 원하지 않았습니다. 그러나 우리 학교를 다니고, 긍휼 PBL수업과 더불어 UIC 프로젝트를 통해 북한을 향하신 하나님의 마음을 느낄 수 있었고, 전에는 멀게만 느껴졌던 북한과 탈북 친구들이 가깝게 느껴지게 되었습니다. 그리고 하나님께서 우리 세대를 통하여 통일을 이루실 거라는 확신이 생기게 되었습니다. 그렇기에 북한을 위해 기도하게 되었고, 물론 가끔 나의 생활에 치여 잊고 살아갈 때도 있지만, 그 불이 내 안에 꺼지지 않음을 믿습니다.

에베소서 1장 10절에 "하늘에 있는 것이나 땅에 있는 것이다 그리스도 안에서 통일되게 하려 하심이라"를 보며 하나님께서 예수님을 이 땅에 보내신 것은 모든 것이 예수님 안에서 통일되게 하시려고 했다는 것을 알게 되었습니다. 북한에서 더 나아가 온 세계 열방 그리고 땅과 하늘까지 그리스도 안에서 하나 되는 그날을 소망하게 되었습니다!

제3국 출생 탈북민 친구들과 중국어로도 말해보고 싶은 마음에 중국어도 열심히 배우고 있습니다. 저는 이 학교를 통해 아주 많은 가치들을 배우고, 지금도 배워가는 과정 가운데 있습니다. 정말 우리 학교의 설립 목적처럼 통일시대에 생명의 통로가 되어 하나님의 생수를 온 세계에 나르는 자가 되고 싶습니다.

[정서연] 학교를 다니면서 나와 하나님과의 관계에서 어떠한 변화와 발전이 있었나요?

[백주원] 저는 이 학교를 다니기 전에는 일반 공립학교를 다니고 있었습니다. 어렸을 때부터 모태신앙으로 자라왔고, 교회에서 찬양팀도 하고, 성경공부도 하며 살아와서 저는 제가 예수님을 당연히 믿는다고 생각했습니다. 그러나 중학교 때 전학을 오게 되고, 교회도 계속 옮기게 되면서 저는 하나님

과 멀어지게 되었고, 자연스럽게 하나님과 상관없는 사람이 되어 살아가게 되었습니다. 그러나 그것이 점점 나에게 찔림이 되기 시작했고, 다니던 교회에 기독학교가 생긴다는 말에 처음에는 별로 다닐 생각이 없었지만, 그래도 이대로는 안 되겠다 싶어 다니기로 결정하였습니다.

저는 이 학교를 다니면서 제가 예수님의 사랑이 믿어지지 않는다는 것을 알았습니다. 예수님의 사랑을 믿고 싶었지만 잘 믿어지지 않았고, 사실 그것에 대한 엄청 커다란 간절함까지는 없었기에 더 간구하며 기도하지는 않았던 것 같습니다. 그러던 어느 날 제 삶에 고난이 찾아오게 되었고, 그것 때문에 너무나도 아파서 막 울면서 기도하기 시작했습니다. 그 과정 속에서 하나님과 더욱 친밀해졌고, 나에게 항상 위로하여 주시고 다독여 주시는 하나님께 너무 감사했습니다. 그러나 아직 예수님의 십자가가 내 마음에 와 닿지는 않았습니다. 그러던 어느 날 저희학교 열린 예배 시간에 예수님의 십자가 사건이 믿어지게 되었고, 그때부터 제 삶은 변화되게 되었습니다. 그 전에도 주님을 찬양하고 예배하는 것이 좋긴 하였지만, 예수님을 만난 후에는 정말 너무 즐겁고 기뻤습니다. 그리고 매일 성경 묵상으로 하루를 시작하고 전에는 읽지도 않던 성경을 읽게 되었고, 기도도 매일 하게 되었습니다. 물론 중간중간에 넘어지고 쓰러짐이 있었지만, 그때마다 십자가를 붙들고 다시 일어났던 것 같습니다. 그리고 이제는 잃어버린 영혼들을 바라보며 내가 만난 예수님을 전하고자 하는 소망을 가지게 되었습니다. 나를 변화시킨 주님께 너무 감사합니다.

[정서연] 생명력이 넘치는 학교는 어떤 학교라 생각하나요?

[백주원] 첫 번째로는 예배가 살아 있는 학교가 생명력이 넘치는 학교라고 생각합니다. 생명은 하나님으로부터 오는 것입니다. 그렇기에 우리가 정말 살아 있고 주님께서 함께하시는 예배를 드려야지 우리의 영이 살지 않겠습니까? 따라서 생명력이 넘치는 학교는 예배가 살아 있고, 그 안에서 주님을 만나는 역사가 일어나는 학교라고 생각합니다.

그리고 두 번째는 받은 생명력을 흘려보내는 학교라고 생각합니다. 그래야 하나님께서 계속해서 넘치도록 부어주실 수 있으니, 받은 생명력을 흘려보내는 것도 중요하다고 생각합니다! 그래서 한마디로 말하자면 생명력이 넘치는 학교는 '살아 있는 예배를 통해 하나님으로부터 생명력을 부여받고, 그 생명력을 흘려보내어 또다시 넘치도록 생명력을 받는 학교'라고 생각합니다.

[정서연] 좀 더 생명력이 넘치는 학교가 되기 위해서 학교가 어떤 준비를 하면 좋을까요?

[백주원] 먼저 저는 저희 학교가 이미 생명력을 누리고 있다고 생각합니다. 왜냐하면 저희 학교의 예배는 정말 살아 있고, 매일 성경 묵상을 하고 나누며, 성경 녹음과 통독, 성전 기도를 하는 등 일상에서의 하나님과의 교제를 중시하고 그것들을 우선순위로 두고 학교를 이끌어 나가기 때문입니다. 또한 그것을 흘려보내는 과정에서 더 크게 얻는 생명력이 있습니다! 그러나 그 생명력을 모든 친구들이 온전히 누리고 있는 것은 아닙니다. 아직도 주님의 생명력을 경험하지 못하고 온전히 누리지 못하는 몇몇 친구들이 있습니다. 그들까지 모두 생명력을 누려야 더욱 생명력이 넘쳐날 것이라는 생각이 드는데, 그것을 위해서는 일단 그들을 위한 중보기도에 더욱 힘써야 한다고 생각합니다. 물론 선생님들께서 학생들을 위하여 정말 헌신적으로 기도하시지만, 먼저 생명력을 누리는 친구들까지 합세하여 더욱 간절히 그

들을 위하여 중보하면 좋을 것 같습니다. 그리고 학생들과 선생님들께서 더욱 사랑과 삶의 예배를 드려서, 아직 생명력을 온전히 누리지 못하는 이들이 우리의 사랑과 삶에서의 예배를 보며 더욱 생명 가운데로 들어올 수 있도록 하여 더 많은 친구들이 주님의 생명력을 함께 누리게 되고, 또다시 그것을 흘려보낼 때 하나님께서는 더욱 더 크신 능력으로 생명력을 넘치도록 부어주실 것입니다!

[정서연] 기독교 대안교육이 필요한 이유와 앞으로 기독교 대안교육을 고민하고 있는 친구들이나 학부모님들에게 전하고 싶은 한마디는 무엇인가요?

[백주원] 기독교 대안교육이 필요한 이유는 요즘 세상이 정말 많이 타락하고 있기 때문에 세상에서 믿음을 지키기가 너무 어렵고 자칫하면 넘어지기 쉽기 때문입니다. 그것뿐 아니라 세상에서는 자신의 역량을 키우고 은사를 개발하는 교육을 하기보다 그저 좋은 대학에 가고, 취업을 잘하기 위하여 주입식으로 교육을 하기 때문에 학생들이 공부하기가 더 싫어지고, 그냥 공부를 인생 성공하기 위한 목적으로 생각하기가 쉽습니다. 그러나 기독교 대안학교에서는 일단 하나

님을 예배하는 예배자로 자라날 수 있고, 하나님의 말씀을 기준으로 세상을 바라볼 수 있으며, 일반 학교에서는 가르쳐줄 수 없는 귀한 가치들을 배우고, 학생 맞춤형 교육 등을 받을 수 있기에 기독교 대안학교가 많이 필요하다고 생각합니다.

그리고 기독교 대안교육을 고민하고 있는 친구들이나 학부모님들께 기독교 대안교육을 하라고 권유하고 싶습니다. 제가 다녀본 결과 정말 너무 좋고, 하나님과도 더욱 가까워질 수 있습니다. 또한 어른이 되기 전에 성경적 세계관으로 세상을 보는 훈련을 할 수 있으며 하나님께서 나에게 주신 은사들도 더 개발할 수 있는 기회들이 많아집니다. 무엇보다 하나님 안에서 자라날 수 있다는 것이 정말 제일 기쁘고 소중한 것 같습니다. 기도하시면서 결정하시면 좋을 것 같습니다.

감사합니다.

# 소명학교

소명학교는 경기도 용인시 수지구 고기동에 위치한 비인가 기독교 대안학교입니다. 부르심의 한 소망이신 예수 그리스도를 닮아 겸손히 하나님을 예배하고 세상을 섬기는 소명인을 파송하여 성서한국, 통일한국, 세계선교를 꿈꾸는 소명인을 세우기 위해 2012년 좋은교사운동 회원 교사들과 학부모가 연합하여 설립하였습니다. 개혁주의 전통을 따르지만 특정 교단이나 교회에 소속되어 있지 않습니다.

소명학교는 '좋은 교사가 좋은 학교다!'라는 구호를 외치며 예수님의 사랑을 경험하는 다음세대, 예수님의 사랑을 실천하는 다음세대를 세우기 위해 부르심의 걸음을 걸어가고 있는 학교입니다. 신병준 교장 선생님을 중심으로 교사 40여 명과 학생 210명이 하나님이 주신 꿈을 이루어가고 있습니다.

소명학교는 중등, 고등과정으로 이루어져 있습니다. 중등과정은 예수님을 인격적으로 만나는 소명인을 중점으로 교육하고 있습니다. 관계와 자기주도성을 향상하기 위한 코칭형 그룹 수업과 서로 협력하는 배움, 꾸준히 지속하는 배움의 습관을 세우도록 돕습니다. '세계선교'라는 지상명령에 순종하기 위해 공용어로 사용하는 영어 회화 프로그램, 단계형 영어 독서 프로그램, 영어 캠프도 운영하고 있습니다. 고등과정에서는 '소명'이 무엇이고 어떻게 소명을 고민하고, 발견할 것인지를 알아가는 '소명아카데미' 수업과 예수님을 인격적으로 만난 소명인은 하나님이 창조하신 이 세상을 어떻게 하나님이 기뻐하시는 나라로 회복시킬 것인지 '사회소명' 수업을 통해 선생님들과 함께 연구하며 배워 나갑니다. 특별 교육과정으로 국토순례, 단기선교, 유럽 그랜드투어(중등)와 평화세대 비전트립, 통일세대 비전트립, 7인 7색 배낭여행, 유럽 그랜드투어(고등) 등을 필수 또는 선택적으로 참여합니다.

이러한 교육과정을 통해 예수님 오시는 그날까지 하나님 사랑과 이웃사랑을 실천하는 소명인으로 준비되도록 돕습니다.


[소명인] 간단한 자기소개 부탁드립니다.

**[김다별]** 안녕하세요? 저는 기독교 대안학교 소명학교에 다니고 있

는 10학년 고1 김다별입니다. 저는 2021년 올해에 들어온 10학년 편입생입니다. 저는 소명학교에서 첫 한 학기를 보냈는데, 소명학교가 특별한 것들이 많아 보였습니다. 중학교를 일반 중학교를 나오고 소명학교를 와서 그런지 신기하고 특별한 것들도 많았던 것 같습니다.

[김은혜] 안녕하세요? 소명학교를 다니고 있는 12학년 김은혜입니다. 저는 보통 친구들과는 달리 일반 학교, 홈스쿨링, 갭이어라는 다양한 교육 환경 안에서 배우고 경험하다 기독교 대안학교에 들어오게 되었어요. 마지막 고등학교 시절을 하나님 안에서 믿음의 사람들과 함께하고 싶다는 마음에 입학하게 되었죠. 소명 공동체라는 기독교 대안학교 안에서 고등학교 시절 3년을 보내면서 너무 많은 것을 배우고 느끼고 성장했고, 학교를 너무나 좋아하는 학생입니다.

[소명인] 가장 기억에 남는 수업이나 프로그램은 무엇이었나요?

[김다별] 저희는 매주 월요일 1, 2교시에 성경과 소그룹 시간이 있습니다. 성경 수업은 외부 목사님이 오셔서 성경을 가르쳐주시고 이 말씀을 삶에 어떻게 적용할지도 알려주십니다. 저희 10학년은 마가복음에 대한 수업을 들었습니다. 성경 수

업을 들으면서 항상 읽어오던 마가복음이지만 다르게 느껴
졌습니다. 죄인인 우릴 위해 십자가에 지신 그 사랑과 크신
은혜에 감사했고, 깊이 깨닫게 해주심에 감사했습니다. 성
경 수업이 끝나면 멘토 반별로 동그랗게 모여서 오늘 성경
수업 때 인상 깊었던 것은 무엇이었고, 어떻게 적용하고 들
었는지 나눕니다. 그러면서 자신의 신앙 고민을 나누기도
하고, 좋은 일이 있거나 기쁜 일이 있으면 서로 축하해주고
위로해줍니다. 저희가 하는 서클은 원으로 항상 동등하고
같은 자리에서 서로의 말을 경청할 수 있어서 많이 경험합
니다! 서클을 통해서 같은 반 친구의 이야기를 듣고 경청하
며 나누는 것이 인상 깊었습니다. 서클에서 누구 하나도 내
말을, 다른 사람 말을 비판하지 않고 잘 경청하고 공감해주
어서 더 풍부하고 좋은 나눔의 시간이 되는 것 같습니다.
'사회소명'이라는 과목도 있습니다. 이 과목은 하나님이 이
땅을 다스리라 하신 사회적 책임을 가지고 세상에 고통받
는 사람들, 힘들어하는 사람들에 대한 기독교적 대안을 모
색하는 수업입니다. 이번 한 학기 동안 환경, 과학기술, 교
육, 미디어 등 여러 가지 분야에서 강의를 들었고, 그 생각
을 친구들과 나누면서 들었습니다. 저는 다양한 분야에서

고통 받는 사람들이 있다는 것은 이전부터 알았는데 그 방안을 생각하지는 못했습니다. 생각하더라도 세상의 생각이었다는 것을 알게 됩니다. 하지만, '사회소명' 수업을 통해 하나님은 이런 문제를 보고 뭐라고 하실지, 기독교인으로서 어떻게 도울 수 있을지 고민과 기독교적 대안을 고민했습니다. 7월 첫째 주에는 11학년과 12학년 선배들이 직접 사회 문제에 대해 연구하고 방안을 모색한 연구발표를 들었습니다. 저는 미디어에 관심이 많아서 미디어, 언론출판부에 가서 연구발표를 들었는데, 선배들의 열심히 연구하고 고민한 것이 발표로 잘 우러나와서 '정말 대단하고 멋지다.'라는 생각이 들었습니다. 저도 내년에는 사회소명 개별 연구를 시작할 텐데. 안 좋은 미디어가 사람들에게 주는 피

해, 올바르고 효율적인 교육은 어떻게 되어야 하는지에 대해서 연구하고 싶습니다. 안 좋은 미디어가 있음에도 불구하고 사람들이 많이 보고 좋아한다는 것에 대해 안타까웠고, 올바르고 학생들에게 진짜 도움이 되고 학생들이 즐겁다고 생각하는 교육 체계는 어떤 것인지 연구해보고 싶었습니다. 다음 학기에도 사회소명을 듣는데 사회에서 힘들어하는 사람들을 어떻게 도울 수 있을지 생각하며 더 열심히 듣겠습니다.

마지막으로 특별한 것은 통합 답사 주간입니다. 통합 답사 주간은 일 년에 한 번 있고, 이 주에는 학년별로 시간의 순서(고대~현대)와 학년별로 핵심가치를 정해서 통합 수업과 답사를 진행하는 주간입니다. 10학년은 '평화'라는 주제로 수업을 듣고 안중근 기념관, 윤동주 문학관, 남산을 다녀오며 '평화'가 무엇이고 이분들이 어떤 노력을 하셨는지 배웠습니다. 학교에서 수업을 들을 때는 국어와 역사가 통합되어 윤동주 시인과 일제강점기를 같이 배웠고, 수학과 역사는 우리나라 근대에 수학을 도입한 이상설과 헤이그 특사에 대해서 통합하여 배웠습니다. 저는 통합 답사 주간이 처음이라 많이 신기했는데 일반 수업이 아니라 '평화'에 대해서 알아보고 답사한 것이 좋고 유익했습니다. 교실에서만 배우는 것이 교육이 아니라 기념관, 문학관 등을 직접 방문하면서도 배울 수 있어서 의미 있는 교육이라는 생각을 했습니다. 그것이 우리 학교가 통합 답사를 진행하는 이유 중 하나라고 생각이 들었습니다.

[김은혜] 가장 기억에 남는 수업은 국어 시간에 했던 토론 수업이었어요. 토론 수업에서 '자유 시장 경제는 지속되어야 하는가'라는 주제로 자료 준비와 토론 준비를 하고 실제 토론처럼 찬반을 나누어 다양한 주장들과 반박을 하는 시간을 가졌었어요. 이때 잔뜩 긴장한 채 토론에 참여했던 순간이 기억나네요. 그리고 다른 친구들의 토론을 지켜보며 심사위원 역할도 하면서 전반적으로 '토론'이라는 것이 무엇인지 확실히 배울 수 있었어요. 대부분의 수업 시간들을 학생들이 주체적으로 나서서 이끌어갔다는 것에서도 의미를 가질 수 있었다고 생각해요. 이러한 부분에 있어서 토론 수업은 저에게 가장 인상 깊은 수업으로 남아있는 것 같아요.

또한 기억에 남는 프로그램은 '소명인 인터뷰'이었어요. 학생들의 관심 분야나 진로와 관련된 인물을 직접 인터뷰해보는 프로그램이었는데 인물을 조사하고 연락할 방법을 찾아보는 과정부터 시작해 직접 대면해 인터뷰하는 시간까지 너무 의미 있는 경험이었어요. 저는 당시에 '교육'에 관심이 있어서 다양한 교육 운동에 참여한 기독교 대안학교 교감 선생님과 인터뷰를 했었는데, 교사의 역할과 교육의 중요성을 배우면서 제 꿈을 바라보는 시야를 더 넓게 확장할 수 있었어요. 사람과 사람이 만나 대화를 나누고 내가 평소에 궁금해했던 것들을 질문해 보면서 많은 것들을 얻어갈 수 있었기 때문에 전 '소명인 인터뷰'라는 프로그램이 가장 기억에 남아요.

[소명인] 학생의 입장에서 느낀 우리 학교의 장점, 혹은 자랑하고 싶은 것이 있나요?

[김다별] 소명학교에는 멘토링이 있습니다. 멘토링은 선생님(멘토)과 학생(멘티)이 이야기 나누면서 상담을 하는 건데요. 이 멘토링에서는 공부 성적에 대해서 어떻게 공부해야 한다 피드백만 주시는 상담이 아니라 신앙, 믿음, 미래에 대한 불안감 등 다양한 고민을 털어놓을 수 있습니다. 물론 공부 방법 등의 피드백도 해주시죠! 저는 이 멘토링을 서너 번 해보았는데, 선생님들이 의무적인 상담이라고 생각하지 않으

시고 진심으로 학생들에게 어떻게 하면 도움이 될지, 그런 고민을 기독교인으로서 성경적으로 어떻게 풀어야 하는지 알려주십니다. 저는 하나님을 믿는 것에 대해서 고민이 있어서 멘토 선생님이랑 멘토링을 했습니다. 하나님을 만나고 싶은데 어떻게 해야 하는지, 하나님을 힘들 때 안 찾는데 진짜 믿는 건지 고민이 되었는데 멘토 선생님은 진심으로 공감해 주시고 고민하는 제 마음을 만져주셨습니다. 누구나 다 겪는 거라고 이야기해주시면서 성경을 읽어 보라고 하나님이 너에게 주시는 말씀이 있을 거라고 말씀해 주셨습니다. 한번은 최근에 '힘들다'라고 말을 하기도 했고, 제가 힘들어 보였는지 "왜 힘드니, 어떤 부분이 어렵니?"라고 물어보시며 힘든 마음을 위로해 주셨습니다.

그리고 소명학교 학생들은 친구 관계가 좋습니다. 새로 들어온 편입생이나 원래 다니던 학생이나 차별하지 않고 지냅니다. 어떤 학교는 왕따 같은 안 좋은 학교 문화로 학교폭력을 당하는 친구들이 있는데 소명학교는 왕따를 하거나 비방하지 않고 잘 지냅니다. 제가 편입하면서 친구들을 잘 사귈 수 있을지 걱정도 되기는 했지만 첫날부터 인사도 해주고 학교도 소개해주고 친절하게 대해줘 고마웠습니다.

수시로 연락해주고, 먹을 것도 주고, 반갑게 인사해주는 소명학교 학생들은 마음이 따뜻한 학생들이어서 좋습니다.

선생님과의 관계도 자랑거리입니다. 선생님들이 멘토링이나 평소에 위로해주시고 진심으로 학생들을 사랑하는 마음으로 대해주시니 학생들과 선생님의 관계도 좋습니다. 모르는 것이 있으면 교무실에 들려 언제든지 여쭤보고, 선생님은 반갑게 맞아주시니 스스럼없이 다가갈 수 있습니다. 그러면서도 예의는 지키고 선생님과 좋은 관계를 유지합니다. 저도 모르는 것이 있어서 여쭤봤는데 모든 선생님이 친절하게 사랑으로 대답해주셔서 감사했습니다.

소명학교 학생들은 하나님 사랑, 이웃 사랑을 실천하면서 오늘도 하나님의 한 공동체를 만들어가고 있습니다.

[김은혜] '선생님들이 학생들을 대하는 마음'이 가장 장점이자 자랑하고 싶은 부분이라고 생각해요! 학생들이 잘못을 저지르거나 실수를 해도, 미숙한 부분이 많더라도 인내해주시고 성장을 끝까지 기다려주시는 모습을 많이 발견할 수 있었거든요. 확실히 그런 선생님들 안에서 학생들이 자라다 보니 더디더라도 크게 발전하고 성장하는 것 같아요. 그리고 각자의 담임 선생님과 정기적으로 깊은 대화를 나누는 멘

토링이 있는데 그때 상담도 하고, 학생들이 자신을 알아가는 시간을 가질 수 있는 것도 너무 좋아요. 선생님들이 계속해서 학생들과 소통하며 내적인 성장에 관심을 기울여주시는 부분, 성경적인 관점으로 삶을 바라보는 방법을 알려주시는 부분이 우리 학교의 큰 자랑인 것 같아요.

[소명인] 기독교 대안교육과 일반 학교의 차이는 뭐라고 생각하세요?

[김다별] 기독교 세계관을 중심으로 수업을 받는 것이 일반 학교와 차이점이라고 생각합니다. 기독교 세계관으로 수업을 받으니 선생님을 통해 하나님 나라 회복의 관점을 가질 수 있었던 것 같아요. 매일 아침에 말씀을 같이 묵상하면서 하나님이 나를 얼마나 사랑하시는지, 나에게 하시는 말씀은 무엇인지 알게 됩니다. 하나님을 제대로 알아야 하나님의 뜻에 합한 하나님 나라 회복을 꿈꿀 수 있습니다.

[김은혜] 기독교 대안교육과 일반 교육은 학생들의 수업 참여도에서 크게 차이가 난다고 생각해요. 일반 교육은 교과서 위주로 틀에 잡힌 수업만을 하기 때문에 학생들이 억지로 수업을 듣는 경우가 대부분이라면, 기독교 대안교육은 교육과정의 틀은 짜주되 그 안에서 학생들이 스스로 자율성을 가지

고 교육을 배우게 해주기 때문에 학습을 하는 학생의 태도에 큰 차이가 존재한다고 봐요. 교과서에서 벗어나 학생들의 사고방식을 키워준다는 점이 일반 교육과는 다른 기독교 대안교육의 차이라 생각합니다.

[소명인] 생명력이 넘치는 학교는 어떤 학교라고 생각하세요?

[김다별] 요즘 현대 사회가 사랑과 나눔이 부족하다고 생각하는데 사랑과 나눔이 가득한 학교가 생명력 넘치는 학교라고 생각합니다. 사랑과 나눔은 받으면 더 많이 나눌 수 있어요. 사랑과 나눔이 가득하고 넘쳐난다면 냉정한 세상도 따뜻하게 녹여질 수 있다고 생각합니다.

그것이 제 바램이고, 사랑과 나눔이 가득한 학교가 생명력이 넘치는 학교라고 생각해요.

[김은혜] 뻔한 대답일 수도 있지만, '학생들의 즐거운 웃음소리가 넘쳐나는 학교'가 생명력 넘치는 학교라고 생각해요. 학생들의 웃음소리가 넘쳐난다는 건 그만큼 학교 안에서의 생활이 즐겁고 행복하다는 뜻이고, 학교가 건강하다는 의미이기도 하니까요. 저 또한 학교 안에서의 자유롭고 따뜻한 분위기, 너무나 좋은 선생님들과 좋은 친구들과 함께하니까

학교만 오면 계속 웃음이 나고 미소가 피었던 것 같아요. '학교'를 떠올리면 늘 밝고 따뜻한 이미지들이 함께 연상되기도 했고요. 학교는 자라나는 아이들을 위한 곳인데, 그러한 곳에 아이들의 웃음소리가 울려 퍼진다는 건 그 자체로 생명력이 넘치는 학교라는 의미가 아닐까 생각해요.

[소명인] 기독교 대안교육을 추천해주고 싶은 사람의 유형이 있다면 무엇인가요?

[김다별] 혼자 신앙생활을 하는 데 어려움이 있거나 힘든 학생이 오면 좋을 것 같아요. 저도 일반 학교를 다니다 왔는데, 매일 성경말씀을 함께 묵상하고, 매주 성경 수업을 듣다 보니 신앙도 깊어지는 것 같아요. 제가 가진 신앙 고민들을 나누고 친구의 고민도 들어주고 서로 기도해줄 수 있어요. 그렇기 때문에 혼자 신앙생활해서 힘들거나 어려운 학생들이 오면 좋겠어요.

그리고 친구관계에서 힘든 친구들이 오면 좋겠네요. 기독교학교는 친구들과의 관계가 좋아요. 완벽하지 않지만 예수님의 사랑을 나누면서 생활하고 지내서 그런지 친구관계가 너무 돈독해요. 선생님과의 관계도 너무 좋고요.

이런 유형이 아니라도 기독교 대안교육에 관심 있는 학생들도 좋고, 일반 교육에 안 맞는 학생들도 모두 추천해요!

[김은혜] '하나님과 더 친해지고 싶은 사람, 좋은 선생님과 좋은 친구들을 만나고 싶은 사람, 자율성을 가지고 공부에 임하고 싶은 사람' 이렇게 세 가지 유형으로 나누어 추천해주고 싶어요. 방금 언급한 이 세 가지 유형은 실제로 제가 기독교 대안학교를 다니면서 얻었던 것들이기도 해요. 하나님을 더 알아가고 싶고, 좋은 사람들을 만나 깊은 연대감을 가지며 성장하고 싶고, 틀에 갇힌 교육에서 벗어나 스스로 고민하고 생각하며 배움을 얻고 싶은 사람들에게 기독교 대안교육은 딱 맞는 교육이 아닐까 싶어요. 기독교 대안학교가 이러한 곳에 많은 초점을 두고 노력하기 때문에 그런 것도 있는 것이라 생각해요. 따라서 저는 이러한 사람들에게 기독교 대안교육을 추천합니다.


[소명인] 기독교 대안교육이 필요한 이유는 무엇이라고 생각하세요?

[김다별] 이 시대에는 교회에 일주일에 한 번 가서 1시간 남짓 드리는 예배로는 신앙이 많이 흔들린다고 생각해요. 특히 코로나로 교회를 부분적으로 가고, 또는 가지 못하면서 정말 신

앙을 다잡고 훈련하는 것이 힘들어졌다고 생각해요. 기독교 세계관으로 방향이 분명한 수업을 받고, 말씀을 나누며 같이 공동체 안에서 학교생활하는 것이 중요하다고 생각합니다. 그래서 이 시대이야 말로 꼭 기독교 대안교육이 필요하다고 생각해요. 하나님이 쉬지 말고 기도하라(살전 5:17)고 하셨잖아요. 그 말씀을 따르고 같이 신앙생활하고 지낼 수 있는 교육은 기독교 대안교육뿐입니다.

[김은혜] 일반 학교에서 가르치는 교육은 많은 면에서 치우쳐져있다고 생각해요. 기본적으로 인간의 합리적인 생각과 인간의 관점에서 그들이 경험한 것들만 진리라고 말하는 부분이 학생들을 인본주의적 가치로 이끌어가게 하는 것 같아서 문제점이라고 봐요.

기독교 대안교육은 하나님의 시각으로 세상을 바라보고 이해하고, '하나님'이라는 절대적 진리와 가치를 알고 살아갈 수 있도록 이끌어주기 때문에 꼭 필요하다고 생각해요. 이러한 가장 근본적인 가치와 사상이 아이들의 마음에 어떻게 깔리느냐에 따라 삶을 바라보는 안목과 관점이 달라지기 때문에 기독교 대안교육은 현 시대에 있어 너무나 중요한 교육이라 봅니다.

[소명인] 기독교 대안교육을 고민하고 있는 친구들이나 학부모님들에게 전하고 싶은 한마디는 무엇인가요?

[김다별] 기독교 대안교육은 이 시대에 꼭 필요한 교육입니다. 그리고 기독교교육을 위해 많은 선생님이 애쓰고 기도하고 연구하고 계십니다. 잘 준비되어 있고, 기독교 대안교육을 궁금해 하는 학생들, 학부모님들을 기다리고 있습니다. 이런 교육은 꼭 받으셔야 하지 않겠습니까? 기독교 대안교육에 많은 관심 가져주시고 많은 기도 부탁드립니다.

[김은혜] 기독교 대안학교 안에서 일반 학교에서는 경험할 수 없는 다양한 활동과 깊은 대화, 만남들을 통해 너무 많은, 귀중한 가치들을 얻을 수 있다고 생각해요. 저 또한 학교생활 안에서 스스로 많이 성장하고 내면적으로 건강해졌다는 것도 느끼고 발견할 수 있었고요. 대학을 준비하는 과정과 관련한 부분에서 많이 걱정하시고 고민하실 것 같다는 생각이 드는데, 오히려 입시를 준비하면서 하나님을 한 번 더 깊게 만나고 주님과 함께 동행하는 뜻깊은 경험을 할 수도 있을 거라고 추천하고 싶네요.

# 은혜의동산기독교학교

은혜의동산기독교학교는 2008년에 설립되었고 경기도 화성 남양읍에 있다. 초등학교, 중학교, 고등학교가 함께 있으며 총 55명의 교직원이 근무한다. 기본 교과 이외에 제2외국어로 중국어를 배우는데 중국어 회화뿐 아니라 HSK 자격증반, 중국 문화를 배울 수 있는 문화반 등으로 나뉘어 있다. 또한 1인 1악기 수업이 있어서 모든 학생이 피아노, 플루트, 바이올린, 클라리넷, 첼로와 같은 악기 수업을 받는 것도 특징이다. 매주 1시간씩 성경 수업과 예배가 있으며, 학기가 끝날 때는 한 학기 동안 외웠던 성경말씀을 암송하는 시간도 갖는다.

학교 건물은 초등이 사용하는 비전홀, 중등 교실과 식당 도서관 등이 있는 그레이스홀, 고등이 사용하는 쉐마홀 이렇게 크게 세 개로 이루어져 있다. 비전홀 건물에는 교회 본당이 있는데 학교의 큰 행사를 진행할 때 주로 사용된다. 고등이 생활하는 쉐마홀은 총 4층으로 이루어졌는데 1층은 어린이집, 2층은 고등, 3층은 교회 주일학교에서 사용하고 4층에는 실내 체육관이 있어 체육 수업을 할 수 있다.

학교의 철학은 다음과 같다.

1. 하나님 나라 선포: 은혜의동산기독교학교가 추구하는 최종 목적은 교육을 통해 하나님 나라의 선포와 실현이다. 기독교 세계관을 기초로 학생들로 하여금 성령 안에서 의와 희락과 평강을 누리게 하는 교육적 가치를 지닌다.

2. 신앙 공동체 지향: 은혜의동산기독교학교는 미래를 열어가는 교회의 비전을 실현하기 위하여 교회와 가정과 더불어 유기적이고 공동체적인 연합을 도모한다. 교회는 신앙 공동체의 가치를 세우고 학교는 훈련과 교육의 장을 제공한다.

3. 전인적 통합 교육과정: 은혜의동산기독교학교는 그리스도의 균형 잡힌 성장을 목표로 하는 전인적 통합 교육을 하고자 코메니우스의 교육철학적 모범을 따라 초등에서 고등에 이르기까지 12년도 연계 교과과정을 수립하며 실천한다.

10학년 이은서 학생을 통해 은혜의동산기독교학교(이하 은동교)에 대한 솔직한 이야기를 들을 수 있었다.

[강유라] 가장 기억에 남는 프로그램은 무엇이고 그것을 통해 어떤 성장과 배움이 일어났나요?

[이은서] 작년에 1일차는 자전거, 2일차는 관악산 등반, 3일차는 걷기로 총 3일 동안 코스 여행을 다녀왔습니다. 솔직히 처음에는 너무 힘들고 하기 싫었는데 코스 여행을 통해 아무리 힘들지만 끝을 향해 가는 저 자신이 대견스러웠고 인내심을 기를 수 있는 정말 좋은 순간이었습니다. 지금 다시 생각해 봐도 힘든 기억보다 좋았던 기억들밖에 없는 소중한 시간이었습니다.

[강유라] 가장 기억에 남는 수업에 대해 말해줄 수 있을까요?

[이은서] 저희 담임 선생님 시간인 사회 수업이 가장 기억에 남아요. 인문학 수업이었거든요. 『지적 대화를 위한 넓고 얕은 지식』이라는 책을 가지고 진행한 수업이었습니다. 친구들과 모둠을 만들어서 맡은 부분을 프리젠테이션하는 수업이었는데요. 제 모둠이 맡은 부분이 '역사'였어요. 그 부분을 몇

번을 읽었는지 몰라요. 친구들과도 정말 열심히 준비했던 기억이 있습니다. 그 수업 덕분에 역사에 대한 기초 지식이 많이 쌓였습니다. 언제 어디 가더라도 그때 발표한 내용은 술술 말할 수 있을 것 같아요. 발표하는 자리가 다른 선생님들도 초청한 자리였거든요. 그때는 좀 떨리더라고요. 솔직히 할 때는 힘들다고 느꼈는데, 수업을 통해 제가 분명히 성장했다는 걸 알 수 있었어요. 그런 수업을 어디서 해보겠어요?

[강유라] 생명력이 넘치는 학교는 어떤 학교라고 생각하며 좀 더 생명력이 넘치는 학교가 되기 위해서는 학교가 어떤 노력을 하면 좋을까요?

[이은서] 제가 생각할 때, 생명력은 사람들 사이에 흐르는 배려, 우정, 감사 등과 같은 어떤 정신이라 생각해요. 그런 부분이 활성화되기 위해 공부뿐 아니라 함께 뛰어 놀며 어울릴 수 있는 시간이 더 많이 생기면 좋겠습니다. 공부를 하며 서로 도와줘서 더 돈독해질 수도 있지만 가끔은 아무 걱정 없이 마음을 열고 노는 시간들이 서로에게 더 다가갈 수 있을 것 같기 때문이죠.

[강유라] 일반 학교에 다니다가 은동교로 오셨는데 무엇이 다른가요?

[이은서] 선생님들이 수업에 엄청난 에너지를 쏟으세요. 예를 들어서 수업을 이해 못하는 친구가 있으면 한 번 더 설명하시고 따로 그 친구에게 질문하시며 학생들을 위해 세세하게 신경 써 주십니다. 그리고 졸고 있는 학생이 있으면 그냥 넘어가지 않으세요. 잠깐이라도 다른 이야기를 해주며 졸음이 없어지도록 노력해 주시는 모습들이 일반 학교와는 다른 것 같습니다.

[강유라] 하나님의 사람, 섬김의 사람, 회복의 사람이라는 표어 중에 어떤 항목에 대해 가장 잘 배웠다고 생각하시나요?

[이은서] 섬김의 사람이라는 표어를 가장 잘 배운 거 같습니다. 이웃을 배려하고 경청하는 행동들을 하는 게 말은 쉽지만, 또

나도 모르게 하지 않을 때가 있는 것처럼 이기적인 마음을 가질 때가 있어서 이 '돕는 자'라는 말을 좀 더 마음에 담아야겠다고 생각했어요. 그래서 더 잘 배운 것 같고요.

[강유라] 공동체의 힘을 느낀 순간이 있으신가요?

[이은서] 공동체의 확실한 힘이라는 건 아직 잘 모르겠지만 그냥 반 친구들과 웃고 떠들다 보면 좋지 않았던 일들도 지워지는, 그런 일상들이 공동체의 힘이라면 힘 같습니다. 이건 좀 더 생각해봐야 할 것 같아요.

[강유라] 학업적인 면에서 은동교의 강점은 무엇이라 생각하시나요?

[이은서] 아까 말한 것처럼 선생님들이 한 사람도 뒤쳐지지 않게 수업에 참여하도록 해주세요. 수업 내용도 재미있고 쉽게 잘 알려주셔서 수업을 잘 들을 수 있습니다. 학생의 개별적인 부분들을 특히 잘 봐주시고요.

[강유라] 신앙적인 면에서 은동교의 강점은 무엇이라 생각하시나요?

[이은서] 은동교에 와서 보니, 학교라는 곳이 어쩔 수 없이 다니는 곳이 아니더라고요. 같이 어울려 노는 친구들이 함께하나님

의 말씀을 듣고 생각을 나누는 시간이 있어서 더욱 좋습니다. 하나님에 대한 거부감? 그런 것이 없어지더라고요.

[서혜빈] 은동교에서 친구들과 선생님 사이의 관계는 어떠한가요?

[이은서] 아주 잘 지내고 있습니다. 친구들과 제가 성격이 잘 맞고 선생님들도 모두 친근하게 잘 해주셔서 어떠한 거리낌 없이 잘 지냅니다. 가끔은 너무 거리낌이 없나 싶습니다. 선생님과 개인적으로 이야기할 시간이 정말 많아요. 그래서 더 좋습니다.

[서혜빈] 은동교에서 가장 중요하게 여기는 가르침은 무엇인가요?

[이은서] 다른 건 잘 모르겠습니다. 하지만, 하나님의 말씀을 소중히 여기는 것, 그리고 이웃들을 소중하게 여기는 마음은 확실한 거 같아요. 저를 포함해 다른 학생들도 그렇게 배우고 있다고 생각하고요.

[서혜빈] 마지막으로 은동교를 다니지 않았다면 어떤 다른 삶을 살고 있었을 거 같나요?

[이은서] 일반 학교에서 지내고 있을 텐데. 아마 하나님의 말씀과는

멀어져 있을 것 같습니다. 왜냐하면 제가 워낙 노는 걸 좋아하거든요. 아마도 노느라 신앙에서 멀어졌을 것 같아요. 휴대폰도 하루 종일 붙들고 살았을 것 같고요.

[서혜빈] 기독교 대안교육이 필요한 이유와 앞으로 기독교 대안학교를 고민하고 있는 친구들이나 학부모님들에게 전하고 싶은 한마디는 무엇인가요?

[이은세] 확실히 하나님 말씀을 배우며 지낼 수 있다는 게 가장 좋은 점 같습니다. 앞에서 말한 것처럼, 멋진 수업도 있고요. 싸우는 친구는 보기 힘듭니다. 서로를 더 생각하는 마음이 생겨나는 거 같아요. 공립학교가 아니라는 것 때문에 고민할 수 있지만 일반 학교보다 학업도 더 열심히 할 수 있고 친구들과도 더 돈독해지더라고요. 전혀 걱정하지 않으셔도 된다고 말하고 싶습니다.

# 우리기독학교

우리기독학교는 '영성, 인성, 지성을 겸비한 예수님의 어린 제자'로 자라나길 꿈꾸는 학생들과, 우리 한 명 한 명을 위해 기도해 주시는 목사님, 선생님들로 언제나 복작복작합니다. 학교에 들어서면 6세부터 그보다 키가 3배쯤 더 큰 중학교 3학년 학생들이 교복을 입고 생활하는 모습을 볼 수 있습니다. 유치, 초등, 중등이 함께 있는 만큼 일반 학교에서 배우는 교과목 외에 아주 특별한 수업들이 있는데, 지금부터 간단하게 소개하고자 합니다.

먼저, 우리기독학교 QT 시간에는 소중한 '보물찾기' 시간이 있습니다. 가정에서는 부모님들이, 학교에서는 선생님과 학생들이 매일 같은 본문의 말씀을 읽으며 하나님과 등장인물을 찾는데, 우리는 이것을 '하나님 보물', '등장인물 보물'이라고 부릅니다. 학생들 중에는 특히 '학부모 QT' 시간을 기다리는 학생들이 많습니다. 각 반 친구 중 한 명의 부모님과 함께 QT를 하고 나누는 시간이기 때문입니다.

학교에는 이렇게 부모님과 학생, 교사가 함께하는 프로그램이 많습니다. 말 그대로 온 가족이 모이는 '온 가족 기도회', '온 가족 나들이', 그리고 체육대회인 '우리드림 축제' 등이 그 예입니다. 어서 코로나가 사라져서 다시 함께 모일 수 있으면 좋겠습니다.


우리기독학교 학생들은 또한 활동적인 생활을 합니다. 자신의 생각을 잘 표현하는 방법을 배우는 교육 연극 시간과 건강한 몸을 만들어주는 B.B.(Balanced Body) 또는 발레 스트레칭 시간, 그리고 일반 학교에서 현장학습(소풍) 가는 날이라고 할 수 있는 SFD(Study Free Day)가 2주에 한 번씩이나 있습니다. 코로나가 생기기 전까지는 독립기념관, 안성팜랜드, 한강공원 자전거 라이딩, 각 대학 탐방 등으로 현장체험학습을 가곤 했습니다. 또한 우리기독학생들은 피아노와 플루트, 바이올린, 색소폰, 오카리나, 드럼, 첼로 등 다양한 악기를 통해 하나님을 찬양하는 것을 연습합니다. 이후 대만과 유럽 탐방 때 그 진가가 발휘되었습니다. 타이베이 한 가운데서 플루트를 연주하고, 몽마르뜨 언덕 위에서 태권무 찬양을 통해 버스킹을 한 선배들을 보며, 열심히 태권도와 악기 수업을 받고 있습니다.

무엇보다 소개하고 싶은 우리기독학교의 특별한 수업은 '우리누리' 시간입니다. 올해는 하나님께서 만드신 자연환경을 보호하고 아껴야 하는 것에 대해서, 그리고 또 후쿠시마 원자력 발전소가 쓰나미로 파괴된 것, 지구온난화로 일어날 수 있는 심각한 재앙 등에 대해 배웠습니다. 6월 25일에는 6·25 전쟁에 대해 배우기도 하고, 우리 주변에서 일어나는 모든 일에 숨겨진 하나님의 뜻을 깨달을 수 있도록 도와주는 수업입니다.

학년이 올라가면서 기대되기도 하고, 부모님과 떨어져 지내야 해서 조금 떨리기도 한 학교 프로그램들이 있습니다. 바로 국토대장정과 두 번의 해외 이동 수업입니다. 국토대장정은 5학년 때, 해외 이동 수업은 6학년 때 대만으로, 그리고 중학교 2학년 때 유럽으로 떠납니다. 우리기독학교 졸업생인 저의 오빠는 유럽 해외 이동 수업 때 영국, 프랑스, 독일, 이탈리아에 있는 여러 종교 개혁지를 탐방했습니다. 탐방하면서 종교개혁자들의 발자취를 걸어보며 앞으로 크리스천인 우리는 어떻게 살아야 하는지 생각해보는 좋은 시간이었다고 이야기해주었습니다. 특히 대만이나 유럽 탐방을 위해서는 그

전 한 학기 동안 미리 정규 수업을 통해 사전 준비를 하고 출발한다고 하는데, 그 워크북이나 자료집이 서점에서 보는 여행 책자보다 흥미로웠던 것을 본 기억이 납니다. 훗날 우리 언니, 오빠들이 동생들의 해외 이동 수업 때 가이드를 해주어도 참 좋을 것 같습니다.

학교에서는 방학마다 다양한 주제로 캠프가 진행됩니다. 작년부터 코로나로 해외 탐방을 못 가게 되면서, 캠프 때 대만과 유럽의 문화와 역사, 여러 유적지 등을 배우며 재밌는 캠프를 하고 있습니다. 중학생 언니, 오빠들이 '진로소명' 수업 때 배운 유럽 내용을 맛볼 수 있는 캠프라 더 흥미로웠습니다. 중학생이 되면 배우게 되는 '진로소명' 수업은 유럽 종교 개혁지를 배우며 하나님의 계획 안에 있는 자신의 소명을 발견하는, 우리기독학교만의 특별한 수업입니다.

특별한 부분이 많은 우리기독학교에는 또 하나의 특별함이 있습니다. 6, 7세 친구들이 수업하는 유치 과정입니다. 유치 과정의 특별함은 학교의 귀여움을 담당하고 있는 유치 학생들의 입을 통해 직접 들어보았습니다.


[정혜수] 기억에 남는 수업이나 프로그램은 무엇이고 그것을 통해 무엇을 배우고 성장하게 되었나요?

[7세 조병서] '지구를 다시 살려요(2020년 겨울방학 환경캠프 주제)'가 재

미있었어요. 우리가 지구를 아프게 해서 많이 아프대요. 하나님이 만드신 지구를 사랑해야 해요.

[7세 노희찬] 맞아요. 지구가 아파서 일회용품은 쓰면 안 돼요. 나무 젓가락, 종이컵, 비닐봉투는 잘 분리해서 버려야 해요. 지구를 사랑하면 하나님이 좋아하셔요.

[7세 원유하] 저는 『하나님이 남자와 여자를 만드셨어요』 책이 재미있었어요. 그리고 우리누리 시간에 교장 선생님께서 해주신 이야기도 재미있었어요. 남자가 여자가 되고 여자가 남자가 될 수 없어요. 우리는 하나님이 만드셨어요.

[6세 이주찬] QT하면서 '예수님이라면 어떻게 하실까?'를 더 많이 생각해요. SFD에 하는 찬양 동아리도 너무 재미있어요. 제가 만든 마라카스랑 에그쉐이커로 연주하면서 찬양했어요. 또, 다른 형, 누나들을 만나고 같이 할 수 있어서 좋아요.

[정혜수] 가장 좋아하는 수업 시간은 무엇인가요?

[7세 이채빈] 과학 시간이요. 재미있는 걸 만들어서 좋아요. 실험하는 것도 재미있어요.

[7세 노희찬] 채플 시간이요! 성경 시간이요! 몰랐던 이야기들을 알 수 있어요.

[7세 한동준] 중국어가 제일 좋아요. 노래와 율동으로 중국어를 배우니까 정말 재미있어요. 쥬내이핑안(主內平安=샬롬)!

[6세 이주찬] 피아노 수업을 좋아해요. 누르면 소리가 나는 것이 신기해요. 조금 어려운데 선생님이 친절하게 설명해 주세요.

[7세 이가경] QT 시간이요. 예수님을 알 수 있어요.


정혜수 기자의 한마디: 가경이는 학교에 늦게 등교한 날에도 쉬는 시간이나 점심시간을 이용하여 QT를 꼭 할 뿐 아니라, 지각하는 날은 QT를 못할까 봐 걱정하는 친구라고 합니다. 하나님이 참 기뻐하실 것 같죠?


[정혜수] SFD는 어떤 날인가요? 어떤 활동을 했던 것이 기억에 남나요?

[7세 한동준] 신나는 날이요. '아나바다(=아껴 쓰고, 나눠 쓰고, 바꿔 쓰고, 다시 쓰고)'가 제일 재미있어요. 저는 새로운 장난감을 받았어요. 또 하고 싶어요!

[7세 이가경] 찬양하는 날이에요. 다른 나라 사람들이 찬양하고 예배 드리는 영상이 많이 신기했어요. 그 사람들도 우리랑 똑같이 찬양을 해요. 하나님이 기뻐하실 거라고 생각했어요. 재미있는 악기도 만들었어요. 두드리면서 찬양하면 신나요.

[7세 원유하] SFD는 미술시간이에요. 워터볼 만들기를 할 때 좋았어요. 워터볼이 반짝반짝거려서 예뻤어요. 집에 가져갔는데 동생들도 좋아했어요.

[정혜수] 우리기독학교는 방학 때마다 여러 가지 주제로 캠프를 진행하고 있습니다. 지난 겨울캠프 중 기억에 남는 일에 대해서 이야기해주세요.

[7세 이가경] 대만 캠프가 재미있었어요. 그중에서 대만 빵 만들기 수업이 제일 재미있었어요. 달콤했어요. 진짜 딸기를 넣은 딸기우유도 최고였어요. 한자 쓰기는 조금 어려웠어요. 빨리 커서 대만에 가보고 싶어요.

[7세 노희찬] 환경캠프 때 봤던 "월-E" 영화가 재미있었어요. 지구가 많이 아파서 사람이 아무도 없었어요. 하나님이 만드신 지구를 사랑해야 해요. 또, 마지막에 친구 이브가 죽은 줄 알고 슬펐어요. 월-E가 도와줘서 이브가 다시 살았어요.

[정혜수] 학교에서 어렵거나 힘든 일이 있었다면 무엇이고, 어떻게 극복했는지 이야기해주세요.

[7세 이채빈] 정리하는 게 제일 힘들어요. 학교에서는 책상, 장난감,

사물함도 스스로 정리해야 해요. 선생님과 친구들이 많이 도와주었어요. 이제는 집에서도, 학교에서도 정리 잘해요.

[7세 한동준] QT요. 글씨 쓰는 게 힘들어요. 그런데 이제는 글씨도 작게 쓸 수 있고 혼자서도 쓸 수 있어요. 친구들은 저보다 더 빠르게 쓸 수 있지만, 선생님이 괜찮다고 하셨어요.

[6세 도하영] 친구랑 다퉈서 속상할 때가 있는데, 그럴 때 '예수님이라면 어떻게 하실까?' 생각하고, QT 말씀도 생각해요.


[정혜수] 학교 점심시간에 대해서 이야기해주세요.

[7세 노희찬] 다 맛있어요. 점심시간이 빨리 왔으면 좋겠어요. 밥 먹고 양치도 잘해야 해요. 화장실에 사람이 많을 때도 거리두기를 해서 기다려야 해요.

[7세 이가경] 묵도 맛있고 버섯볶음도 맛있어요. 저번에는 버섯볶음을 세 번이나 먹었어요. 매운 음식은 잘 못 먹겠어요. 하지만 QT 시간에 골고루 잘 먹기로 기도했어요.

[7세 조병서] 저는 김치찌개가 제일 좋아요! 매운데 맛있어요. 밥도 맛있어요.

[7세 한동준] 점심시간에는 누나들이랑 놀 수 있어서 좋아요. 학교에 제가 제일 좋아하는 누나들이 많아요. 누나가 하트 스티커

도 주고 사탕도 줬어요.

[정혜수] 예수님은 나에게 어떤 분인가요?

[7세 노희찬] 예수님은 우리를 사랑하셔요. 저도 친구들을 사랑해야
해요.

[7세 이가경] 우리는 죄인이에요. 그런데 예수님이 십자가에 못 박히
셔서 우리를 구원해 주셨어요. 우리도 예수님을 전해야 해
요. 그리고 예수님은 우리의 기도를 들으시는 분이에요. 제
가 속상한 일이 있을 때 기도하면 하나님이 들어주세요.

[정혜수] 우리기독학교 성경시간에는 『가스펠 프로젝트』라는 교재를 사
용하여 구약과 신약의 주요 사건들을 연대표대로 따라가며 배
우고, 결국은 예수님을 통한 구원 이야기에 대해 배웁니다. 유
치, 초등, 중등이 같은 본문을 배우지만 각각 수준에 맞게 교재
가 다르게 만들어졌다고 하는데요. 구체적으로 성경 시간에 무
엇을 배웠나요?

[7세 조병서] 목사님이 성경 이야기를 해주셔요. 십계명도 배우고 삼
손도 배웠어요. 삼손은 힘이 엄청 세요. 성경 시간에는 색
칠 공부도 하고 재미있는 것도 만들어요.

[7세 이가경] 요셉 이야기가 재미있었어요. 요셉은 꿈을 잘 알아요. 저는 꿈을 잘 안 꾸는데 하나님 꿈꾸고 싶어요.

[6세 이주찬] 천국과 지옥에 대해 배웠어요. 예수님을 믿으면 천국에 갈 수 있어요.


|정혜수| 우리기독학교에서 앞으로 더 배우고 싶은 것은 무엇인가요?

[7세 한동준, 6세 이주찬] 태권도를 하고 싶어요!

[7세 한동준] 의사 선생님이 되는 법을 배우고 싶어요. 환경캠프 때 바닷 속에 사람들이 쓰레기를 너무 많이 버려서 바다거북이 아파하는 것을 봤어요. 바다 친구들을 고쳐주고 싶어요.

[6세 도하영] 수학을 배우고 싶어요. 언니가 2학년인데 집에서 구구단을 열심히 외워요. 숫자가 재미있게 생겨서 배우고 싶

어요. 저 체온도 읽을 수 있어요. 오늘 아침에 삼, 육, 사 (36.4℃)였어요!

[정혜수] 우리기독학교와 같은 기독교 대안학교에 오고 싶어 하는 친구들에게 어떤 이야기를 해주고 싶나요?

[7세 한동준] 우리기독학교는 착한 누나들이 많고 재미있는 선생님이 많은 곳이에요.

[7세 이가경] 우리기독학교는 예수님이 사랑하시는 학교에요. QT도 매일 하고 서로 사랑해요. 전도도 해야 해요. 그래야 예수님이 기뻐하셔요.

[7세 노희찬] 하나님께서 우리기독학교를 만나게해 주셔서 감사해요. 성경 이야기 많이 해주셔서 재미있어요.


[정혜수] 이상 제가 사랑하는 우리기독학교에 대해 소개하는 시간을 가졌습니다. 저는 6살 때부터 우리기독학교에 다니기 시작했는데요, 친구들과 다툴 때도 있지만 오랜 시간 함께하며 깊은 우정을 쌓을 수 있다는 것이 참 감사합니다. 나중에 학교를 졸업하게 된다면 지금까지 저를 잘 가르쳐주시고 재미있게 학교생활을 할 수 있도록 도와주시고, 기도해주신 선생님들 한 분 한 분이 많이 생각날 것 같습니다.

# 이야기학교

이야기학교는 2009년에 설립한 서울시 종로구 혜화동에 위치한 비인가 기독교 대안학교다. 이야기학교는 혜성교회 교육관 건물을 사용하여 수업을 진행하고 있다. 학교는 대학로와 근접해 있다.

이야기학교는 초등, 중등, 고등과정을 진행하고 있다. 초등과정은 관계에서의 성품, 다양한 경험, 사고력, 역사의식을 높이는 과정이다. 중등과정은 정체성 확립, 타인과의 관계, 자기 삶의 방향을 잡는 과정이다. 고등과정은 자율성과 리더십 배양, 자기 관리 능력과 자기 확장, 샬롬 의식을 갖출 수 있는 과정이다. 이 과정들을 거쳐서 내면이 건강하고 샬롬 의식과 역량을 갖춘 사람으로 성장하게 된다. 2021년 현재, 교사는 총 14명이며 학생 수는 초등 33명, 중고등 34

명으로 총 학생 수는 약 70명 정도 된다.

　모든 수업의 1교시를 말씀으로 시작한 뒤 국어, 수학, 영어 등 교과목과 무예, 샬롬 농사, 평화 수업 등 일반 학교에서 배울 수 없는 다양한 수업을 통해 경험을 쌓는다. 시험도 보지만 일반 학교 학생들과는 달리 시험에 대한 막대한 스트레스 없이 자신이 배운 것을 얼마나 이해하고 성장하였는지 알기 위해 시험에 임한다.

　학기 말에는 학교-교회-가정이 함께하는 교육을 원칙으로 하여 교사, 부모, 교회 교역자가 함께 평가에 참여한다. 개별 성취도 계획과 수준에 맞는 성취 기준에 도달하는 것을 목표로 하며 신체, 정서, 의지, 성품, 영성, 역량의 입체적 성장 정도를 학기 말에 평가를 통해 파악한다.

　이야기학교에서는 한 주를 시작할 때 한 주간의 계획을 이야기와 삶을 이야기하는 나눔 활동을 하고, 한 주가 끝나고 계획들을 실천했는지 피드백을 하는 다듬고 세우기 시간이 있다. 학생들은 매일 하루가 시작되면 그날의 체크리스트를 작성한다. 종례 시간까지 체크리스트가 잘 정리되어 있어야 하기 때문에 수업시간에 배운 핵심 내용들을 체크리스트에 정리하며 하루를 돌아본다. 수업 내용뿐 아니라 그날의 나의 성품을 점검하고, 창문이라는 활동을 하며 오감으로 사물을 관찰할 수 있는 능력을 길러준다.

그리고 학교에서는 많은 캠프를 간다. 개강, 종강 여행캠프, 가족캠프, 자전거여행캠프, 산행캠프, 도보여행캠프, 유럽여행 등을 통하여 함께 살아가는 삶을 배우고, 다양한 창조 세계와 만나는 경험을 한다.

또한 이야기학교는 지역사회와 협업하는 활동을 많이 한다. 환경운동연합, 청소년진흥협회, 사회적 기업과 연결해 수업을 듣기도 하고 다양한 활동을 하면서 이를 통해 넓은 시야로 세상을 볼 수 있게 한다.


다양한 수업을 통해서 성경적 가치관을 형성해 가는 배움의 현장에서 초등학교 3학년 때에 입학하여 중등과정을 거치고 현재 고등과정인 10학년으로 재학 중인 '윤강인' 학생을 인터뷰하였다.

[조수아, 이현우] 이야기학교에 들어오게 된 계기는 무엇인가요?
[윤강인] 3학년 때까지 일반 학교에 재학하고 있다가 이야기학교는 방과 후 과정을 통해 처음 알게 되었어요. 부모님께서 원래 대안학교 다니는 것을 지향하시기도 했고, 많은 관심이 있

으셨기 때문에 이야기학교에 오게 되었어요. 방과 후 과정을 다니면서 이야기학교라는 공동체가 학생들이 다 같이 어울려 놀 수 있는 공간이라는 것을 깨닫기 시작하면서, 일반 학교의 정해진 시간표에 따라 사는 것보다 조금 더 매력을 느꼈던 것 같아요.

[조수아, 이현우] 가장 기억에 남는 수업이나 프로그램은 무엇이었나요?

[윤강인] 가장 기억에 남는 수업은 역사 수업인데요, 원래 공교육에서 역사라는 과목이 암기 과목이라는 생각이 많이 들고, 연대별로 외우기만 하니까 지루하다는 생각이 들었어요. 그런데 이야기학교에서 하는 수업은 그 당시 역사적 상황에 대해 고민을 하게 되고, 자신이 그 입장이 되어서 어떤 마음인지를 생각하는 훈련을 많이 했어요. 그렇기 때문에 역사라는 과목이 암기하는 과목이 아니라 직접 생각하는 힘을 기를 수 있는 수업이라는 것을 깨닫고 흥미를 느끼게 되어서 기억에 남는 수업이에요.

그리고 가장 기억에 남는 프로젝트는 제가 7학년 때 했던 거였어요. 사회시간에 진행하는 프로젝트였는데, 학교에 정수기를 사용하면서 일회용 컵을 한 번 쓰고 버리는 것을 보니 종이 낭비가 너무 많았어요. 그래서 종이 낭비를 줄이기 위해 어떻게 할지를 생각해보다가 종이컵 대신 머그컵을 이용하자는 제안이 나왔어요. 그래서 저희 반이 실제로 집에서 쓰지 않고 있는 머그컵을 가져와서 학교에 비치하고, 1년간 학교에서 그 머그컵을 사용했어요. 그 머그컵을 통해서 종이의 낭비가 얼마나 줄었는지는 확인해보지 못했지만 그전보다 사람들이 머그컵을 많이 사용하는 것을 보며 뿌듯함을 느꼈고, 공동체에 긍정적인 영향을 줄 수 있는 일을 했다는 것이 스스로 자랑스러웠어요. 또한 이를 통해 뭔가 환경에 이바지할 수 있다는 것이 좋았던 기억이 있어서 이 프로젝트가 기억에 많이 남아요.

[조수아, 이현우] 학생 입장에서 느낀 우리학교의 장점, 혹은 자랑하고 싶은 것이 있나요?

[윤강인] 우리 학교는 아무래도 1학년부터 12학년까지 전 학년이 통합되는 과정이다 보니까 서로 간의 긍정적인 요소들에 대해 배울 수 있는 기회가 많아요. 후배들은 선배들한테 많은 학업 면이나 관계 측면에서 여러 도움을 받을 수 있고, 또 선배들은 자신들의 행동을 후배들의 모습을 통해 돌아보며

오히려 배울 수 있는 게 많은 것 같아요. 관계적인 것뿐 아니라 수업과 활동을 하면서도 서로가 피드백을 주고받으면서 성장이 많이 되기 때문에 내면이 성숙해지는 시간이 비교적 오래 걸리지 않는 것 같아 좋은 것 같아요.

[조수아, 이현우] 이야기학교에서 살아가면서 자신에게 가장 영향을 준 것은 무엇인가요?

[윤강인] 제가 가장 영향을 받았다고 느낀 경험은 자전거여행캠프였어요. 자전거여행캠프는 10박 11일 동안 정해진 코스를 달리며 자전거여행에서만 경험할 수 있는 것들을 배우는 캠

프인데요, 처음 제주도로 자전거여행캠프를 갔을 때 저는 자전거로 제주도를 돈다는 것 자체가 불가능하다고 생각했어요. 그런데 끝나고 보니까 하면 할수록 가능하다는 생각이 저에게 더 많이 들더라고요. 힘들어도 포기하지 않는 마음과 주변 형, 누나, 동생들과 서로 격

려하며 친해질 수 있었던 계기가 되어서 저에게 많은 영향을 주었다고 생각해요.

그리고 하나가 더 있는데요. 일반적으로 사회에서 관계 문제나 어려운 상황이 벌어졌을 때 보통 한쪽의 잘잘못을 따져서 책임을 지게 하는 경우가 많은데, 우리학교에서는 서클(대화 모임)이라는 것을 통해 관계를 회복하는 시간을 가져요. 서클은 관계적인 갈등이 생겼을 때 당사자들과 제3자인 선생님이나 선배가 들어와서 서로의 입장을 차근히 들어보고 상대를 이해하는 시간인데, 그 시간에 문제나 오해를 해결하는 것뿐만 아니라 다음에 이런 일이 일어나지 않도록 다짐을 함으로 다음 문제를 예방하기도 해요. 저의 경우에는 저와 친구들이 놀다가 한 친구의 노트북을 망가뜨렸는데, 당사자까지 포함해서 같이 놀던 입장이다 보니까 일반적으로 금전적인 문제가 많이 오고 갈 수 있는 상황이었어요. 그 상황에서 서클을 통해 서로의 입장을 들어서 노트북을 가지고 있던 친구와 저희 모두가 만족할 만한 대화를 할 수 있었던 것 같아요. 서클을 통해 문제를 평화롭게 해결하는 능력과 서로 소통하고 들어주는 능력이 향상된 것 같아요.

[조수아, 이현우] 기독교 대안교육을 받으면서 일반 학교 학생들과의 차이점을 느낀 적이 있다면 무엇인가요?

[윤강인] 다른 외부활동을 하면서 일반 학교 학생들이랑 프로젝트를 하다 보면 보통 처음에 일이 주어졌을 때, 자신의 한계점을 정해서 자신의 능력이 그보다 낮으면 아예 그 일을 포기하려고 하는 경향이 있었던 것 같아요. 반면에 우리 학교는 여러 프로젝트를 하면서 단련이 되기도 했고, 어떤 일이 주어졌을 때 그 일을 긍정적으로 바라보는 시야가 기본적으로 있는 것 같다는 점이 차이인 것 같아요.

[조수아, 이현우] 생명력이 넘치는 학교는 어떤 학교라 생각하나요? 그리고 좀 더 생명력이 넘치는 학교가 되기 위해서 학교가 어떤 준비를 하면 좋을까요?

[윤강인] 제가 생각하는 생명력은 스스로 만족감을 얻을 수 있게 자신을 동기부여할 수 있는 힘과 자신이 무언가를 함으로써 기쁨을 얻고, 감사함을 느낄 수 있는 힘이 생명력이라고 생각해요. 생명력이 넘치는 학교가 되려면 기본적으로 스스로 자기 일에 만족감을 얻어야 하니까 그 방법이 어떤 방법이든지 스스로 계획을 세우고 추진할 수 있는 교육과정으

로 편성하면 모두 만족감을 얻을 수 있지 않을까 생각해요.

[조수아, 이현우] 기독교 대안교육을 추천해 주고 싶은 사람의 유형이 있
　　다면 무엇인가요?

[윤강인] 아직 미래에 하고 싶은 일이 없거나, 경험을 통해 꿈을 찾고
　　싶은 사람들에게 도움이 될 것 같아요. 자신이 수업을 통해
　　성장하고 나의 성장한 것을 느끼고 싶은 사람에게도 맞을
　　것 같아요. 우리 학교는 어느 것을 하든지 피드백을 받을
　　기회가 아주 많아요. 그렇기 때문에 다른 사람의 의견을 수
　　용하는 능력도 저절로 향상되어 혼자면 생각할 수 없는 것
　　들을 알고 싶으신 분들에게도 추천하고 싶어요.

[조수아, 이현우] 기독교 대안교육이 필요한 이유는 무엇이라고 생각하
　　나요?

[윤강인] 일반 학교의 최종 목표는 입시 과정을 준비하기 위함이잖아
　　요. 근데 학교에서 배울 수 있는 것들은 입시 과정에 필요
　　한 단계적인 공부뿐만 아니라 직접 경험하면서 배우는 삶
　　에 필요한 것들, 또 스스로 사고할 수 있는 힘을 기르는 것
　　이 진짜 학교가 가야 할 방향이라고 생각해요. 그런데 기독

교 대안교육은 그런 쪽에 최대한 초점을 맞춰서 가려고 하고 있기 때문에 경험을 배우고 스스로 생각하는 능력을 기를 수 있어서 대안교육이 필요하다고 생각합니다.

[조수아, 이현우] 기독교 대안교육을 고민하고 있는 친구들이나 학부모님들에게 전하고 싶은 한마디는 무엇인가요?

[윤강인] 공교육에 비해 안정되지 않은 길이기 때문에 확실히 위험 요소가 많고, 일반적으로 누릴 수 있는 혜택들을 받을 수 없지만 그런 부분들을 충분히 상회할 만큼 대안학교에서 누릴 수 있는 것들 또한 많다고 생각해요. 일반 학교에서 배울 수 없는 경험들, 사람들과 깊이 관계하는 방법 등 교실에서는 배울 수 없는 것들을 많이 배워요. 정형화된 일반 교육을 벗어나 다양한 교육의 장을 추구하시는 분들에게 기독교 대안교육은 좋은 기회가 될 것 같아요.

# 기독대안학교
# 교사 이야기

# 마음이 춤추는 학교

김연정(HCS기독사관학교 교사)

이 율법책을 네 입에서 떠나지 말게 하며 주야로 그것을 묵상하여 그 안

에 기록된 대로 다 지켜 행하라 그리하면 네 길이 평탄하게 될 것이며 네

가 형통하리라(수 1:8)

우리 HCS기독사관학교는 말씀 자체에 능력이 있어 사람을 변화시
킨다는 믿음 가운데 설립된, 성경을 교과서로 삼고 있는 학교입니
다. 그래서 입학 후 1년 동안은 성경 말씀을 마음에 새기는 하가다
교육을 필수로 합니다. 제 어린 시절을 돌아보면 입시 위주 교육을
받으며 대학에만 가면 모든 것이 해결될 줄 알았던 기억이 있습니
다. 하지만 마음이 병든 채 대학에 입학하여 원인도 모르고 방황했
던 시간이 있었습니다. 그 시간 끝에 예수님을 만난 후에는 눈에 보

이는 학업도 중요하지만 보이지 않는 마음이 더 중요하다는 사실이 절절히 느꼈습니다. 그래서 HCS를 볼 때도 전적으로 이 교육에 찬성하는 마음을 가졌습니다. 하지만 실제로 현장에 서 보니 1년 동안 공부를 시키지 않고 말씀만 교육한다고 하면 과연 부모님들이 자녀들을 HCS에 보내실지 확신이 서지 않았습니다. 또 학교에 온 학생들이 이런 방법을 통해 정말 변화될 것인가 하는 생각이 앞섰습니다.

처음 HCS에서 교사로 일하기 시작했을 때는 3주 동안 말씀만 종일 암송하는 엄청나게 길고 고된 겨울캠프가 있었습니다. 그 캠프 기간 동안 말씀을 암송하고 읊조리는 중에 마음이 변화하여 스스로 입학하겠다고 온 학생들로 인해 학교가 시작되고 있었습니다. 캠프를 참석하며 겉보기에 아무런 느낌이 없어 보였던 학생들이 입학을 하더니 핸드폰을 제출하고 하루 종일 말씀을 읊조리고 하루 세 번을 기도했습니다. 그런데 점차 얼굴빛이 바뀌고 눈빛이 바뀌는 것을 보게 되었습니다. 말씀 자체에 능력이 있다는 것을 직접 확인하게 되었습니다. 보이는 변화의 속도가 개인마다 달랐지만 점점 마음이 밝아지고 인내심이 생기고, 집에서도 부모님들을 대하는 태도가 바뀌어 갔습니다. 이런 변화를 거치며 열심히 공부하게 된 학생들을 통해 학교가 계속 발전하게 되었습니다. 개교 2년 만에 첫 졸업생이 인도의 최고 명문대 중 하나인 네루대학교에 입학하게 되었고, 별다른 홍보도 없이 학부모님들의 소개로만 7년 만에 학생 수가 100명이 되었습니다.

HCS의 모든 교육은 하나님의 말씀을 마음에 새기는 것입니다. 학생들이 교칙을 어겨 벌을 받을 때도, 학생들 간의 갈등이 있어 상담할 때도, 시험을 못 봐 성적으로 낙담할 때에도 항상 자신의 마음을 들여다보고 하나님의 말씀 안에서 생각하는 기회로 여깁니다. 성경을 필사하거나 말씀을 중심으로 대화하며 자기 마음의 생각과 기준을 살피고 말씀으로 가치관을 세우도록 도왔습니다. 그러다 보니 학교에 와서 시간이 흐를수록 학생들의 가치관과 생각의 기준이 말

씀에 기초를 두게 되어 점차 성숙해집니다. 학생들은 졸업하기까지 설교를 1-2번 정도 하게 되는데 학생들의 설교를 듣다 보면 참으로 말씀이 깊고 탁월한 것을 보게 됩니다. 이렇듯 성

장해 가니 강요하지 않아도 스스로 공부하는 학생들이 자연스럽게 많아졌습니다.

입시반 담당으로 학생들의 대학 진학을 돕다 보면 일반 학교 학생들에 비해 시간적으로 상당히 부족함에도 불구하고 마음이 바뀌고 태도가 바뀌니 스스로 공부하며 짧은 시간 안에 잘해내는 것을 볼 수 있었습니다.

중1 때 입학한 한 남학생은 학교에서 변화되고 있는지 알기가 어렵고 말씀보다 다른 데 관심이 많아 보였습니다. 배우가 되고 싶다고 했는데 막상 해보니 연극은 자기 길이 아닌 것 같다고 공부를 해야겠다고 했습니다. 겉보기에는 변화가 없고 건들거리는 것 같을 때도 있었지만 어느새 성장해서 결정적인 순간에는 늘 기도의 자리에 있었습니다. 중3 2학기가 되면서 학사학위 과정인 독학사 경영학 공부를 시작했습니다. 공부를 시작한 후로는 한 번도 방황하지 않고 의자에서 언제 엉덩이를 떼었을까 생각할 만큼 최선을 다해 공부했습니다. 그러더니 고1 때 독학사 4차 시험까지 합격해서 학사학위를 받았습니다. 영어의 기초도 없던 학생이 한두 달 집중적으로 공부하더니 토익 점수를 받아 편입시험을 치르고 18살 고2 나이에 한동대 컴퓨터공학과에 입학했습니다.

이 학생이 중1 때 입학하여 함께 지나온 시간을 생각하면 공부양도 부족했고 배우를 한다고 시간도 많이 보냈습니다. 그런데 가랑비에 옷 젖듯이 말씀에 의해 영적으로 많이 성장했던 것 같습니다. 정말 하나님의 말씀에 능력이 있음을 고백하지 않을 수 없습니다.

또 한 여학생은 중학교 2학년 때 입학했는데, 처음에는 주로 남자친구나 멋내기에 관심이 많았습니다. 하지만 말씀을 읊조리고 은혜를 받더니 조금씩 변화되어 갔습니다. 그런데 어느 날은 이 광주가 싫고 미국에서 공부하고 미국 시민권자와 결혼해서 미국에서 선교하면서 살겠다고 선포를 했습니다. 늘 모든 사람에게 말하고 다녔습니다. 이 학생을 미국으로 유학 보내기 위해 학생 한 명을 데리고 국제반을 만들고 토플과 아이엘츠 공부를 시작했습니다.

하지만 처음에는 공부를 못하기도 하고 믿음도 어려 보여 미국에 보내는 것이 조금 불안해 보였습니다. 그런데 불도저처럼 하루종일 얼마나 공부를 열심히 하든지 영어 한 줄도 해석하기 어려워했던 아이가 4개월 만에 아이엘츠 5.5를 맞고 비자 인터뷰를 하더니 미국 대학에 갔습니다. 대학에서는 입학하자마자 3.6점의 학점을 맞고 유학 생활도 잘 이어갔습니다. 게다가 자기가 선포한 대로 믿음이 좋은 미국 시민권자 남편을 만나 그곳에서 교회를 잘 섬기고 있습니다.

초등학교 5학년 때 입학한 한 여학생은 언제나 밝은 얼굴로 말씀을 읊조리고 많은 학생에게 좋은 영향력을 미치는 학생이었습니다. 중학교 3학년이 되었을 때 목사이자 치유사역자이신 아버지처럼 본인도 사람들의 영혼을 치유하는 사역자가 되고 싶다며 영어공부를 열심히 하였습니다. 거의 본인이 혼자 독학하다시피하며 토플시험을 준비했습니다. 고등학교 1학년 여름에 우리 학교를 졸업하고 하나님 앞에 기도하며 자신의 십 대를 십일조로 하나님께 드리겠다는 마음의 감동을 받아 아버지를 따라 여러 나라에서 봉사, 선교하며 1년을 헌신하였습니다. 그리고 대학을 정할 때 바이올라대학교 심리학과를 지원하겠다고 하였습니다. 교사인 저는 미국 학비가 비싸 사역자인 아버지께서 경제적으로 힘들지 않을까 걱정이 되었습니다. 그런데 정작 본인은 하나님이 먹이고 입히신다고 믿음의 고백을 하고 원서를 넣었는데 4년 장학금을 받게 되었습니다. 지금도 검정고시 졸업자인 학생이 어떻게 그런 큰 금액의 장학금을 받았는지 알 수 없다고 합니다. 어느새 졸업까지 한 학기를 남겨두고 있는데, 다시 생각해도 선생님인 저보다 더 큰 믿음의 학생으로 성장한 것이 참 감사합니다. 또 하나님께서 눈동자처럼 그 학생을 지키시고 먹이시는 것을 보며 어린 나이에 말씀을 마음에 새기고 큰 거목으로 자란 모습을 보니 무척이나 하나님께 감사했습니다.

학생들의 이러한 간증들은 정말 셀 수가 없을 정도입니다. 경기도에서 게임으로 1등이었던 학생이 네루대와 대학원을 졸업하고 토플 103점을 맞아 서울대 대학원을 준비하고 있습니다. 학습이 너무나 느렸던 학생이 믿음으로 도전하여 템플대학교 국제지역학과를 입학했으며, 어떤 학생들은 국내 대학에서 4년 동안 all A를 맞고 졸업하기도 했습니다. 해마다 대학입시를 통해 많은 열매들을 보게 하셨습니다. 공부를 하라고 이야기한 적은 없습니다. 학생들이 말씀을 읊조리고 새기다 보니 마음이 변하고 스스로 공부하며 스스로 대학을 선택했습니다. 미국에 원서를 쓰면서도 유학원의 도움도 없이 본인들이 입학 절차를 스스로 다 처리했습니다. HCS는 단지 학생들의 성장과정의 옆에 서서 말씀 안에서 생각하고 성숙해지도록 중보기도하고 돕는 역할만 했을 뿐입니다. 학교를 시작하며 입시나 대학을 목표로 한 것이 아님에도 하나님은 말씀을 통해 학생들을 변화시키시고 절로 열매를 맺는 모습을 보게 하셨습니다. 현재는 선교원과 초등학교까지 세워져 약 30여 명이 다니고 있으며 50여 명의 중고등학생들이 모두 기숙 생활을 하며 공부하고 있습니다.

하나님의 말씀은 우리의 영혼을 춤추게 하며 평탄하게 하며 거룩하게 합니다. 앞으로도 하나님이 하실 위대한 일들을 꿈꾸며, 그 자리에 교사로 섬기게 하시는 주님께 감사드립니다.

# 우리의 소원은 통일
신예은(밀알두레학교 교사)

매년 6월에는 '평화'를 주제로 우리말을 배우는 시간이 있어 교사인 나도 그 시간이 기대가 된다. 평화 주제 중심 수업을 시작하며 먼저 자신이 생각하는 평화에 대해 함께 이야기를 나눴다. 아이들에게 평화는 어려운 개념이었고 몇몇 아이들 정도가 침대에 누워 있는 순간의 편안함을 평화라고 이야기했다.

막연하고도 추상적인 개념을 1학년 눈높이에 맞춰 설명하기란 쉽지 않았다. 국어사전의 개념대로 평화란 전쟁, 분쟁 또는 갈등이 없는 평온한 상태라고 설명해 주어야 했다. 친한 친구나 언니와의 갈등 정도가 전부인 이들에게는 "싸우면 다시 화해하면 되잖아요"라는 말 속에서 드러나듯이 평화는 매우 쉽게 얻을 수 있는 간단한 것이었다. 평화가 아이들의 생각처럼 간단하고 쉬운 것이면 좋겠지만 우리나라의 기나긴 아픔의 역사, 전쟁의 기억들을 설명하고 그 긴 터널을 지나 이제 다시 찾아야 하는 평화라는 개념을 전달하기는 쉽지 않았다. 전쟁에 대한 많은 사진과 영상을 보았지만 직접 경험한 적 없는 전쟁과 분단의 아픔은 멀고 생소한 개념이었다. 교사인 나로서도 겪어보지 못한 경험이기에 배움을 발견하게 하는 것이 쉽지 않았다.

1학년의 눈높이에 맞는 방법으로 고안한 것이 '분단 직접 체험하기'였다. 분단의 아픔을 간접적으로나마 경험해보기 위해 교실을 반으로 나누고 지냈다. 전쟁이 예고도 없이 일어난 것처럼 사전 공지 없이 교실을 반으로 나눴다. 가운데 선을 긋고 넘어가지도 못하고 이야기조차 할 수 없도록 하였다. 갑작스럽게 분단을 당한 아이

들은 아우성이었다. 가져오지 못한 소지품이 있었고 친구에게 꼭 할 말이 있었는데 하지 못하게 되었다며 속상해하고 심지어 우는 아이들도 있었다.

점심시간에는 주먹밥을 배급했다. 아이들은 생각보다 주먹밥을 맛있게 먹어서 당황스러웠지만 매 점심시간마다 친한 친구와 김치를 누가 먼저 먹을지 내기하면서 함께 먹는 즐거움이 없어져 조금은 침울한 분위기 속에서 점심시간이 지났다.

시간이 지날수록 애틋함은 커져갔다. 함께 놀고 싶은 마음을 담아 편지를 써서 보냈지만 떨어져 있는 종이를 보고 그냥 지나가 버린 것을 보고 속상해하기도 하고 혹시나 집에 갈 때까지 선이 사라지지 않아서 엄마를 만나지 못할까 봐 불안해하는 아이들도 있었다. 분단된 상황에서 반대편에 있는 친구의 가방을 만져 화를 내기도 하고, 화난 마음으로 반대편 친구의 발을 던지기도 하는 등 갈등이 고조되었다.

갈등을 조금 진정시키고 차분히 앉아 아이들과 마음을 나눴다. 짧은 1시간 동안 아이들은 분단을 본인들의 눈높이에서 아주 가깝게 느꼈다. 1시간으로도 충분했던 분단의 시간을 마치고 그토록 원하는 전쟁과 갈등이 없는 평온한 상태, 평화를 찾기 위해 다함께 손을 잡고 통일을 했다. 평소에 항상 같이 놀던 친구들이었지만 잠깐의 분단의 시간 후 다시 만나고 놀 수 있게 되었다는 사실에 아이들은 서로 끌어안고 소리를 지르고 기쁨과 감격의 눈물까지 흘리기도 했다. 다시 만난 그들이 부둥켜안고 있는 모습은 눈물 없이 볼 수 없는 이산가족 상봉 장면과 같았다.

아이들에게 조금은 극단적인 배움의 시간이었는지도 모르겠지만 전쟁의 위험성, 통일의 필요성을 생각해보며 의미 있는 시간을 보낼 수 있었다는 것은 확실했다. 1시간이 아닌 70여 년이 넘는 세월을 이산가족으로 살고 계신 분들에 대한 생각도 나누고, 우리가 평화를 왜 다시 찾아가야 하는지 함께 나눌 수 있었다. 그뿐 아니라 우리 주변에서 깨어진 평화들을 생각해보고 다시 평화를 회복하는 방법에 대해서 고민하기로 했다. 매년 이 수업을 할 때마다 교사로서도 느끼는 바가 많다. 오늘의 경험이 아이들의 마음에 의미 있게 남겨져서 평화를 꿈꾸고 일구어가는 꿈지기들이 되길 기도한다.

평안을 너희에게 끼치노니 곧 나의 평안을 너희에게 주노라 내가 너희에게 주는 것은 세상이 주는 것 같지 아니하니라 너희는 마음에 근심도 말고 두려워하지도 말라(요 14:27)

# 반디들의 작은 향연

조혜원(반디기독학교 교사)

2008년 '반디키즈클럽'이란 크리스천 유아 학교를 시작으로 2014년 초등과정인 반디기독학교가 설립되었습니다. '반디'라는 이름처럼 스스로 빛을 낼 줄 아는 지혜롭고 능력 있는 아이들이 되도록 성경적 교육을 지향하고 있으며, 2017년 첫 졸업생을 배출하였습니다. 말씀을 통해 하나님의 은혜와 사랑을 깊이 경험하고 성경적 세계관과 정서 위에 성령의 열매를 맺어가며, 하나님이 주신 재능과 전문성(소명)을 키우고 하나님이 찾으시는 건강한 그리스도인으로 자라도록 교육함에 설립 목적을 두고 있습니다. 이러한 기독교 교육을 통해 하나님과 이웃을 사랑하고 주어진 환경을 다스리고 회복시키는 믿음의 아이들로 자라날 것입니다.

# 영성 교육/매일 아침 QT, 수요 채플, 찬양 채플

영성 교육으로 매일 아침 QT, 수요 채플, 찬양 채플이 이루어집니다. 학부모와의 상담 중 QT에 대한 나눔이 인상 깊게 떠오릅니다. 한 학기 한 번 치러지는 성취도 평가를 앞두고 전날 엄마와 고군분투하며 시험공부를 한 3학년 현유. 두려운 마음 반, 두근거리는 마음 반으로 등교한 현유는 학교에 오자마자 성경을 펼쳤습니다. 시험 치는 날 채플 말씀은 야고보서 1장 2-3절, 믿음의 시험이 인내와 연단을 만들어낸다는 말씀을 통해 마음을 다잡고 시험을 치를 수 있었다는 현유. 어머님은 아이들이 자신의 삶을 말씀에 비추어 성찰하고 되돌아보는 시간인 QT와 채플 시간이 있어 얼마나 귀하고 감사한 지를 나누어 주셨습니다. 우리는 씨를 뿌릴 뿐이지만 열매를 맺게 하시는 분은 하나님이시라는 것을 다시 마음에 새겨 봅니다. 매일매일의 말씀이 아이들의 영혼에 단단히 쌓여 세상이 감당치 못할 성령의 정서를 갖길 축복합니다.

## 졸업 선교

6학년이 되면 그동안 내가 만난 하나님과 반디에서 배운 것들을 모아 나누기 위해 졸업 선교를 떠납니다. 하나님의 사랑과 은혜를 체험적으로 경험하는 선교의 여정을 걷다 보면, 아이들의 얼굴에서는 평소와 다른 진지함이 묻어납니다.

2019년도에는 필리핀 타클로반에 있는 Tacloban Korean Methodist Mission Center(교회)로 선교를 떠났습니다. 타클로반 지역은 2013년에 슈퍼 태풍 욜란다로 인해 피해를 입은 마을로 그때까지도 많은 도움의 손길이 필요한 곳이었습니다. 내리쬐는 햇빛 아래, 40도에 육박하는 뜨거운 벽돌 바닥에서도 견디어 가며 필리핀 아이들을 위해 맨발로 태권도 시범을 보이는 모습, 타국의 음악이 낯설 그들을 위해 필리핀 애국가를 연주하는 모습, 어떤 냉방 시설도 없는 마을의 깊숙한 곳 판잣집을 일일이 돌아다니며 식빵을 배달하고 축복송을 부르는 모습. 무더운 찜통 속에 불평불만 하나 없이 오히려 따뜻한 배려가 가득한 아이들의 모습들을 통해 함께 떠난 선생님과 모두가 가슴 뭉클한 하나님의 사랑을 경험했습니다.

세상이 추구하는 물질주의나 성취주의를 경험하기 이전에 나눔을 먼저 경험하는 아이들. 예수님의 마음으로 자신을 내어주고 희생하는, 한 알의 밀알이 될 수 있는 자세를 먼저 경험하고 살아내는 아이들을 보고 있자면 교사이자 어른인 우리가 더 배우는 점이 많습니다. 우리가 다음세대에게 꼭 한 가지 가르치고 전해야 할 것이 있다면 그것은 다름 아닌 '사랑'입니다. 그렇기에 하나님이 허락하신 모든 환경 속에서 내 주변을 밝히고 그 빛으로 사랑을 전하는 선교를 해왔고, 앞으로도 그 사랑의 여정은 계속될 것입니다.


## 길 따라 묵상 따라


코로나19로 다양한 체험학습이 중단된 상황에서 아이들의 건강한 정서를 위한 교육을 멈출 수 없기에 학년별로 정해진 거리의 자연 속 길을 걷는 '길 따라 묵상 따라'를 시작하게 되었습니다.

2020년도 6학년 아이들과 걸은 첫 '길 따라 묵상 따라'가 가장 기억에 남습니다. 장소는 부산 근교에 있는 '기장 아홉산 숲'. "주의 말씀은 내 발에 등이요 내 길에 빛이니이다"(시 119:105)라는 주제 말씀을 가지고 떠났습니다. 3km 걷기를 마친 후 묵상 나눔 시간, 아홉산 숲에는 갈림길들이 많았습니다. 앞으로 만날 많은 인생의 갈림길 앞에 하나님이 빛으로 비추시고 등불로 밝히시는 길로 걷고 선택하겠다는 아이들의 고백에 감동받은 하루였습니다.

'아이들이 살아가는 매 순간의 시간에 하나님이 비추시고 밝혀 주시기를' 내려오며 기도가 절로 되었습니다. '길 따라 묵상 따라'로 기도와 묵상이 있는 시간을 통해 레마로 말씀해 주시는 하나님을 깊이 있게 만나는 아이들이 되기를 기도합니다.

## 인성 교육/명예의 상

진정한 명예는 하나님과 나 자신과의 약속을 지켰을 때 주어지는 것이기에 학부모와 교사의 추천과 전 교사 투표로 명예의 상을 받은 친구는 명예의 전당에 오르게 되고 매일 아침 명예의 종을 울림으로 하루 일과의 시작을 알립니다.

2020년도 6학년 담임을 맡았을 때 명예의 상을 받은 담희가 떠오릅니다. 6학년 때 하던 밴드 동아리에서 피아노 건반을 담당했던 담희. 건반은 밴드부 중에서도 맨 뒷자리에 앉아서 얼굴도 안 보이는 악기였습니다. 드럼처럼 소리가 크고 악기가 멋있어서 사람들이 알아주지도 않고, 기타나 보컬처럼 무대 앞에서 사람들의 시선을 끌

지도 않는 악기였습니다. 담희는 밴드 노래를 완성하는데 맨 뒤에서 누가 알아주던, 알아주지 않던 연주하는 곡이 아름다운 노래가 될 수

있도록 묵묵히 자리를 지키는 학생이었습니다. 반주를 하면서도 친구들을 바라보면서 드럼이 천천히 한다 싶으면 자신도 속도를 늦추고, 보컬이 신나게 노래할 때는 빨라지면서 친구들에게 맞추어 노래를 이끌어 나가는 서번트 리더십을 보였습니다. 담희처럼 누군가 보지 않더라도, 칭찬받지 않더라도, 코람데오. 하나님이 함께 계심을 기억하며 모든 순간에 최선을 다해 살아가는 것. 우리 모두 바로 내가 서 있는 이 자리에서 빛을 내는 '반디'가 되어가는 중입니다.

## 지성 교육/인물 및 주제 탐구

한 달에 하나씩 다양한 분야의 인물이나 주제를 정하여 다각적인 접근방법으로 집중적인 인물 탐구를 합니다. 인물 탐구를 통하여 다양한 분야를 호기심을 가지고 탐색할 뿐 아니라 아이들의 숨은 달란트를 발견할 기회를 얻도록 돕습니다. 이번 달 3학년의 주제는 '배추흰나비의 한살이'였습니다. 아침 독서시간 '3학년 7반 2번 애벌레'라는 책을 18명 모두가 함께 읽으며 탐구를 시작했습니다. 탐구 활동을 통해 배추흰나비에 대한 생물학적 지식도 쌓였습니다. 탐구의 끝 무렵 즈음에는 아이들은 알에서 나비로 안전하게 성장할 확률이 10% 내외라는 사실을 알아내고, 이 땅에 태어난 우리가 얼마나 소중한 존재인지. 또 우리 주변에 얼마나 소중한 것들이 많은지 느끼고 깨닫는 배움이 일어났습니다. 자기주도적인 학습을 기반으로 한 주제 탐구를 통해 하나님의 섭리대로 이루어진 세계를 제대로 이해하고, 하나님이 주신 능력을 성실히 개발하며 하나님 나라 확장을 위해 지혜와 지식을 사용하는 '반디'들이 될 것입니다.

2021년에는 중등 과정이 설립되었습니다. 교과과정은 먼저 8개 기본 교과목에 3개의 특별과목, 1개의 특별활동 등 총 12개 과목으로 진행됩니다. 3개의 특별과목은 성경, 철학·인문학, IT 교육으로 4차 산업 시대, 급변하는 정보화 사회에서 기독교적 세계관으로 세상의 문화를 접하고 전문성을 가지도록 양성하게 됩니다. 또한 예체능 교육을 통해 하나님이 주신 몸과 마음의 풍성함을 체험하고 예체능 교육이 줄 수 있는 무의식적 창의와 지혜를 넓히도록 하고자 합니다.

성경적 세계관을 바탕으로 성령의 정서를 품은 건강한 그리스도인, 하나님이 찾으시는 그 한 사람을 키워내는 반디기독학교가 이 시대의 진정한 기독교 교육을 이루어 가는 반석이 되기를 기독 교사로서 간절히 바랍니다. 하나님의 말씀과 사랑을 품은 반디들의 작은 빛이 온 세상을 밝힐 그날을 꿈꾸며 겸손하고 신실하게 맡기신 사명을 감당할 수 있기를 많은 기도 부탁드립니다.

# 다시 돌아온 여행

이어진(사랑방공동체학교 교사)

나는 사랑방공동체멋쟁이학교 졸업생이다. 그리고 현재 멋쟁이학교 교사이기도 하다. 그 말은 즉, 학창 시절을 보냈던 모교(母校)에 교사로 돌아왔다는 뜻이다.

이 사실을 알게 된 사람은 대개 물어본다. "왜 다시 돌아온 거예요?" 일부는 구체적인 질문을 추가로 덧붙이기도 했다. "그만큼 그 학교가 좋았나요?" "그럼요." "언제부터 돌아오겠다고 생각했나요?" "학창 시절부터요." "다시 돌아와 보니 기분이 어땠나요?" "신기하기도 하고 새롭기도 했죠." 등등 이런 질문을 많이 듣다 보니 대답도 자연스럽게 흘러나온다. 궁금한 포인트가 각자마다 다르다는 것도 재미있는 점이다. 다만 "자신을 가르쳐 준 선생님들과는 어떻게 대화하나요?"와 같은 질문은 아직도 들으면 웃음이 난다. 왜냐하면 처음으로 교사가 되어 보면 어떨까? 진지하게 생각했던 그날, 바로 그 질문에 대해 끙끙대며 심각하게 생각했던 나 자신이 떠오르기 때문이다. 결국 근본적인 질문인 "왜 다시 돌아왔는가?"에 대한 답변을 미리 하자면, "보람 있는 삶을 위해서"라고 말하고 싶다.

다른 학생들과 섞여서 6년간 함께 먹고 자고 학습하면서 지내온 과정에서 배운 것이 있다면, 그것은 '타인을 위한 공동체적인 삶'이었다. 100km 도보여행이나 지리산 종주 같은 힘든 일뿐만이 아니라, 일상 속에서의 소소한 대화와 다양한 형태의 관계들을 경험하면서 자리를 잡은 명제였다. 당시 면담에서 표현한 대로 "모든 사람을 사랑하는 삶"이 내 삶의 목표였다. 설령 도달하지 못하더라도, 그것을 추구하고자 했던 순수한 마음이 그때는 많았다. 그렇기에 나에게 보람이 되는 것 또한 타인을 위한 삶일 수밖에 없었다. 그렇게 배웠고, 그렇게 경험했기 때문이다. 물론 이런 배움과 경험에는 아름답거나 좋은 일들만 가득했기 때문은 아니다. 나는 되돌릴 수 없는 온갖 실수와 잘못을 저질렀고, 슬픔과 우울함과 분노 같은 부정적 감정 또한 어찌할 바를 모를 정도로 강하게 느끼기도 했다. 지금 생각해보면 오히려 그랬기 때문에 더 좋은 것을 쫓아가려고 했던 것이 아닌가 하는 생각이 든다. 그런데 고3의 끝자락에서 진로를 준비하던 나는 자신의 재능을 찾아내지도 인정하지도 못한 채로 엉거주춤해 있었다. 책 읽기를 좋아했지만, 그것만으로 진로를 결정하기엔 미약한 것 같았다. 그래서 적어도 보람 있는 삶, 이상을 꿈꾸고 실천할 수 있는 삶을 찾아보는 과정에 착수했는데, 의외로 금방 눈에 들어오는 것이 있었다. 다름 아닌 바로 선생님이었다.

젊을 때 사랑방공동체에 찾아와 함께 학교를 창립하고, 온 시간과 에너지를 다해 우리를 교육하신 선생님들의 모습이 무궁무진한 추억들과 함께 스쳐 지나갔다. 사명감과 헌신 없이는 할 수 없는 일이었다. 잘 알 수밖에 없었다. 학생들이 함께 지낸 것처럼, 선생님들 또한 학생들과 함께 먹고 자면서 생활해왔으니까.

멋쟁이학교는 가르침이 내려지는 장소일 뿐 아니라 함께 살을 맞대고 삶을 함께 지내며 나이를 먹은 곳이기도 했다. 6년간 함께 살면서 문득 다시 보는 선생님들의 삶이 참 눈부시게 느껴졌다. 나 또한 저런 모습으로 살아가면, 돈은 좀 못 벌더라도 삶에 의미와 보람이 있겠다는 확신이 들었다. 그래서 미약하게나마 다시금 돌아오는 교사로서의 꿈을 꾸기 시작했다. 학교에서 바닷가로 여행을 떠났을 때, '10대'라는 이름을 붙인 모래성을 쌓았다가, 황혼과 함께 파도에 잠겨버리는 것을 보며 내린 잠정적인 결론이었다.

대학도 험난한 과정을 거쳐 기독교 교육학으로 맞추어 진학했고, 그곳에서 내 꿈은 여러 도전에 직면해야 했다. 더 깊은 차원에서의 "왜"라는 질문이 계속해서 따라왔다. 기독교 교육을 같이 공부하는 동기들과 선후배들은 '멋쟁이학교'가 어떤 곳인지 궁금해하면서 졸업생인 내가 이야기해주길 바랐다. 난 학교 소개와 더불어 교사로 돌아가고자 했던 내 마음과도 계속해서 씨름해야 했다. 세상에는 다양한 길이 있었고, 매력적으로 보이는 선택지가 즐비했다. 그런데도 왜? 하필이면 그곳을 선택해야 하는가? 라는 질문에 대한 분명하고 확실한 대답이 필요했다. 그렇지만 스스로 확신에 차서 남에게 들려줄 만한 대답은 내 안에 준비되어 있지 않았다. 그 학교를 졸업했던 학생이라서? 공동체적 헌신이 눈부셔서? 이런 이유들은 단편적이고 충분히 납득할 만한 수준의 대답이 될 수 없었다. 대학 생활은 이 난제를 염두에 두며 계속해서 이어졌다. 막바지까지 다양한 사람들과 관계하고 학습하며 가장 많이 늘어난 것은 나 자신이 교사로서 부족한 사람이라는 인식이었다. 이대로는 다시 멋쟁이학교로 돌아간다고 해도, 내가 선망했던 곳에 도리어 피해를 주게 될 것이라는 생각이 많아졌다. 목표로 했던 교사로서의 내 이미지는, 도저히 내가 보아왔던 모습들에 미치지 못했다. 그런 와중에 대학을 졸업하면서, 마음에 번민과 우울함을 품고서 정식 교사로 들어오게 되었다.

그런데 이럴 수가? 대학 생활 내내 가져왔던 고민은 아이러니하게도 교사로 들어온 뒤에 눈 녹듯 해결되고 말았다.

졸업생이었다가 정식 교사로 들어와서 학생들과 함께 생활하는 것은 처음부터 다시 학교에 다니는 것과 같았다. 하나하나가 새롭게 배우는 과정이었고, 하나로 움직이는 공동체의 구성원으로서 적응하는 시간이었다.

그런 도중 하나의 사건을 보게 되었다. 청소 당번인 한 남학생이 자신이 맡은 청소 구역에 오지 않은 일이 있었다. 같이 청소하기로 했던 여선배(고3이었고, 수능을 코앞에 두고 있었다)가 기다리다 못해 그 학생을 수소문하며 찾기 시작했고, 결국에는 혼자서 청소를 끝마쳤다. 그런데 공교롭게도 청소를 마치자마자 남학생이 그 장소에 나타났다. 여학생이 화가 나있는 것을 알고 있는 주변 사람들은 긴장 속에서 꿀꺽 침을 삼켰고, 둘 간의 대화가 시작되었다. 여학생은 팔짱을 킨 채로 먼저 왜 안 왔는지를 물었다. 남학생은 당황한 얼굴로 다른 일을 하다가 까먹었다면서 장황한 변명을 늘어놓았다. 지켜보던 주변의 몇몇 학생이 고개를 흔드는 것이 보였다. 그렇지만 여학생은 끝까지 듣고 난 이후에, 자신도 그럴 때가 있었다면서 이해한다고 말했다. 남학생의 눈이 휘둥그레졌다. 이윽고 여학생은 이런 행동이 어떤 결과를 유발할 수 있는지, 그리고 왜 좋지 않은 행동인지 이유를 설명해 주었다. 그러고는 함께 힘내서 잘해보자면서 다짐을 받아내고는 자리를 떠났다. 남학생은 그 과정 전부를 지켜봤던 나에게 "'선배'란 바로 저런 모습이구나. 알게 된 것 같다"라고 이야기했다.

이를 포함한 일련의 다양한 일들을 접하며 나는 새롭게 깨달아 간 것이 있었다. 앞서 답변했던 교사로 돌아온 이유인 '보람 있는 삶'에는 앞말이 숨겨져 있던 것이다. 바로 "함께 살아가려는 삶 안에서 보람 있는 삶"이었던 것이다. 여학생은 화를 내면서 따질 수 있었지만, 먼저 경청하고 이해하는 길을 택했다. 그리하여 결국엔 남학생을 비롯해 그 사건을 목격한 사람들의 감동을 불러일으켰다. 자신의 화를 가라앉히고 상대방과 모두를 고려한 결과였다. 모두를 생각하고 위한다는 것은 험난한 길이다. 거기에 자신을 포함하여 동행하는 모든 사람에게는 다양한 자아와 약한 부분이 있다. 그런 피차간의 다름과 약함을 인정하고, 서로 격려하고 도와주면서 대화를 통해 함께 나아가고자 노력하는 것이, 바로 내가 과거에 피부로 배운 바였다. 바로 그것을 멋쟁이 학생들이 생활하는 모습을 통해 또한 공동체에 참여하며 새롭게 깨닫게 된 것이다. 그렇다. 난 이 과정에 동참하고자 온 것이었다. 이 세상에 모두를 위한 마음을 가진 동지들을 보내주기 위해서였다. 이 깨달음 이후로 내 마음에 미혹은 사라졌다.

'청출어람 청어람(青出於藍 青於藍)'. 푸른색이 쪽에서 나왔으나 쪽보다 더 푸르다는 뜻이다. 선생보다 더 훌륭한 학생들, 그 모습을 나는 지금도 근처에서 목격하고, 경험하고 있다. 멋쟁이들은 때론 어른보다도 더 넓은 가슴으로 용서하기도 하고, 뒤처지는 사람을 품으며 함께 속도를 늦추기도 한다. 그렇게 다양한 사람과 함께 살아가는 법을 학생과 선생님이 함께 배우고 훈련받는다. 100km 도보여행이나 지리산 종주 같이 몸이 힘든 과정과, 갈등 해결을 위한 대화와 피드백 같이 마음이 힘든 과정을 함께하며 모두가 성장한다. 힘든 일을 다 함께 사서 하면서 독립적으로 서가고, 서로 유기적으로 연결된다.

결국 학교란 무엇인가 하면, 사람이고, 함께하는 시간이라고 생각한다. 건물은 경험이 뇌리에 새겨진 장소일 뿐이다. 함께 살아가는 삶의 현장에서 나는 누구인가? 그렇다. 나는 교사이자 돌아온 학생이다. 그리고 멋쟁이학교 학생들은 또 다른 의미에서 나에게 가르침을 보여주는 선생님인 셈이다. 그것도 가깝고 친근하면서 내 말을 경청해주는 귀한 동역자임이 틀림없다. 비록 코로나19가 성행하여 여행과 같은 단체 활동에 제약이 있지만, 도리어 이렇게 어려운 때에 함께 인내하고 서로를 응원하며 생활했던 기억이야말로 이후에 가장 빛날 시간으로 남을 것이라 생각한다. 예상컨대 아마도 나는 이 시기의 학교를 "슬펐지만, 힘들었지만, 아팠지만 그래도 좋았다"라고 추억하게 될 것 같다. 깜깜할 때야말로 빛나는 것이 돋보이기 마련이고, 하늘 아래 환한 것은 별과 전등만이 아닐 테니까.

우리 멋쟁이들이 세상의 외롭고 시린 그늘에 빛을 피우고, 사랑을 나누어주며 멋지다고 칭찬을 받는 모습을 상상해본다. 참 기분 좋은 그림이다. 인생은 항상 기대 이상을 가져다주었다. 그 멋진 광경에 하루 더 소망을 걸어본다.

# 사랑으로 세상을 변화시키는 공동체
### 이새롬(새이레기독학교 교사)

봄이면 벚꽃이 만개하고, 여름이면 개구리 우는 소리로 시끌벅적한 곳, 가을이면 산마다 울긋불긋 물든 단풍들로 화려한 곳, 겨울이면 눈 덮인 고요함과 평안함으로 아름다운 곳. 사계절의 아름다움을 고스란히 담고 있는 산자락에 고즈넉하게 자리 잡고 있는 곳. 그 안에는 함께하는 것이 행복하고, 함께하는 것이 가치 있다고 말하는 공동체가 있다. 바로 새이레기독학교다.

### '왜'를 묻지 않는 세상, '왜'가 중요한 우리

3월, 첫 출근을 한 신입 교사인 나에게 학생들의 질문이 쏟아졌다. 이름이 왜 한글인지, 이름의 뜻이 무엇인지와 같은 지극히 개인적인 질문부터 "왜 국어 과목이 좋으세요?, 왜 선생님이 되셨어요?" 학생들은 쉴 새 없이 '왜'를 물었다. 일상생활에서도, 수업 시간에도 질문은 계속되었다. "중세국어에 왜 성조가 있나요?, 왜 국어사전에 동사의 활용형은 실리지 않나요?" 등 학생들의 엄청난 '왜'라는 질문들은 나에게 참 어려운 숙제이면서 동시에 교사인 나를 성찰하고 성장시키는 질문이 되었다.

몇 주 후, 학생 회의로 전교생이 한자리에 모였다. 학생회장이 지난 학기 동안 우리 안에 문제점이 무엇인지, 왜 그것이 문제인지에 대해 질문을 했고, 아주 어린 초등학교 1학년 학생부터 어엿한 고등학생까지 사뭇 진지하게 자신의 의견을 이야기했다. '발음을 정확하게 하지 않는 것', '큰 목소리로 말하지 않는 것', '뛰어다니는 것' 등 학생들이 생각하는 문제들이 칠판에 빼곡하게 적혔다. 학생 모두가 문제를 문제 삼기만 하는 것이 아니라 문제를 해결하기 위해 효과적인 방법들을 제시했다. 이날 학생 회의를 통해 합의된 내용은 학교 게시판을 통해 게시되었고, 이날부터 학생들은 '발.또.큰(발음은 또박또박 큰 소리로 말하기)'이라는 캠페인을 시작했다. 구호를 만들고 각 수업 시간이 시작할 때와 마칠 때 구호를 외치기로 했다. 그리고 한 달여쯤 지나자 모든 반에서 학생들의 발음이 정확해지고 발표

목소리도 크고 분명해졌다. 스스로 문제를 찾고, 문제를 해결하기 위해 공동체 모든 구성원이 함께하는 모습 속에서 변화를 마주할 수 있는 순간이었다.

왜냐고 묻지 않는 세상에서 '왜'를 묻는 학생들. 그리고 '왜'라는 질문 속에서 변화를 이루어내는 이 학교가 이상하게 느껴졌다. 교육이란, 의도된 교육목표 하에 전인격적으로 학습자를 변화시키는 것이라는 것을 너무 잘 알고 있었지만 실제로 전인격적으로 학생들이 변화되는 경우를 보지 못했다. 이곳 새이레에 와서 가장 크게 놀란 점은 바로 이러한 '변화'였다.

4년이 지난 지금, 한결같이 학생들은 '왜'를 질문하고 공동체 안에서 변화를 만들어내고 있다. 그 '변화'로 인해 학생들의 '왜'라는 질문에 멋쩍게 얼굴만 붉히던 신입 교사는 사라지고 함께 머리를 맞대고 고민하는 내가 있다. 그리고 우리가 있다.

## 공동체 안에서 '나다움'을 발견하다

"YOU&I" 시간, 조명도 사그라지고 모든 소리도 잠잠해지는 순간, 학생들과 교사들은 모두 자리에 앉아서 원 두 개를 만들고 마주본다. 그리고 시계 방향으로 돌아가며 마주 앉은 사람과 손을 잡고 칭찬할 점과 변화가 필요한 점에 대해 이야기하고 함께 이루고 싶은 것, 소망하는 것 등을 이야기하는 시간을 갖는다. 서로 손을 잡고 눈을 맞추며 각자의 깊은 속 이야기들을 꺼내놓는다.

"선생님, 바쁘신 중에도 우리와 함께하는 시간을 가장 소중하게 생각해주셔서 감사해요. 선생님을 통해 사랑을 배웁니다."

"내가 필요한 것이 무엇인지 항상 살펴주는 언니가 있어서 힘이 나고 행복해요. 고마워요."

이 시간, 가장 깊은 곳에 있는 이야기가 상대의 마음에 닿아 서로의 관계가 깊어져 간다. 그리고 시간이 무르익을수록 여기저기서 훌쩍거리는 소리와 웃음소리가 들리고 벅찬 마음으로 포옹하는 장면들을 자주 마주한다.

새이레에서는 "YOU&I" 시간뿐만 아니라 매주 반마다 함께 한 주를 어떻게 살 것인지 결단을 작성하고 이야기를 나누는 시간을 갖는다. 또한 서로에 대해 매일 다섯 개 이상의 칭찬할 점을 적고 사랑의 말을 해준다. 이러한 과정 속에서 학생들은 서로에게 따끔하게 권면을 해주기도 하고, 아낌없이 칭찬과 격려를 보내기도 한다. 이를 통해 학생들은 내가 어떤 사람인지를 깨닫고 나와는 전혀 다른, 내 앞에 있는 너를 이해하고 존중하는 태도를 기른다. 다르기 때문에 손가락질하는 게 아니라 그 손가락을 나에게 돌려서 다른 너의 모습을 인정해주고 세워준다. 그래서 모든 학생은 나와 다른 너를 유별나다고 생각하지 않는다. 오히려 그게 '나답다'고, '너답다'고, '우리답다'고 말한다.

지난 한 주 동안 성품을 지키기 위해 결단하고 지킨 것을 나누는 월요일 오전 티타임(Tea-Time), 학생들은 이번 달 성품의 의미를 떠올려 보고, 학교에서 그리고 주말 동안 가정에서 어떻게 실천했는지를 하나씩 하나씩 떠올려본다.

"지난 토요일 놀이터에서요. 한 친구가 다른 친구에게 못생겼다고 놀렸어요. 그런데 저는 그걸 보면서 놀리는 친구에게 그렇게 말하면 안 된다고 용기 있게 말했어요. 왜냐하면 하나님께서 우리 모두를 아름답게 만들어 주셨으니까요."

'너'가 있기에 '나'가 존재할 수 있고, 서로가 있기 때문에 '우리'

가 있을 수 있다. 나의 어떠한 모습이든 환대해 주고 포옹해 주는 사람이 있다는 것, 있는 모습 그대로를 사랑해 주고 서로를 신뢰하는 공동체를 만난다는 것은 '나다움'을 찾는 가장 빠른 방법이다. 공동체 안에서 나다움을 찾는 것, 그 속에 부요함이 있고, 행복과 만족이 있다.

개인주의와 이기주의가 너무나 당연한 현재를 살아가는 사람들에게 공동체 안에서 살아가는 중요성에 대해서 말하면 대부분 개성과 다양성이 무시된다고 이야기한다. 서로 거리를 두고, 딱 그만큼만, 딱 그 정도만을 유지하는 거리 두기는 어느새 우리에게는 편한 것이 되어 버렸는지도 모른다. 그러나 '너'가 없다면, '나'는 절대 나 자신이 어떤 사람인지 알 수 없다. 나에 대한 무지함은 결국 '나'라는 개인의 삶 전체를 뒤흔들고, 개인이 모여 사는 공동체 전체, 사회 전체를 무너뜨릴 수밖에 없다.

새이레 학생들은 자신에 대해 잘 안다. 어떤 것을 좋아하는지, 어떤 성격인지, 무엇을 잘하고 못하는지, 그리고 가장 나다운 것이 무엇인지를 잘 알고 있다. 그래서 자신의 재능과 적성을 발전시키고 꿈을 키워나가는 데 주저함이 없다. 자신의 꿈을 위해 스스로 대회를 찾아보고 참가한다. 그리고 새로운 배움에 늘 도전한다.

"우리 반 학생들의 작품을 보는데 한 명도 같은 작품이 없어요. 이렇게 다른 우리가 행복하고 기쁘게 함께할 수 있다는 게 너무 신기해요."

옷 스타일, 머리 스타일, 생각하고 말하는 것 하나하나 똑같은 모양이 하나도 없다. 그러나 새이레는 함께하기에 아름답다. 제각각 다른 '나'가 모여 나다워질 때, 우리는 더 아름다운 '우리'를 만들어 나간다.

## 사랑과 기쁨으로 회복되어 '하나님 나라 세우기'

학기 말이 되면 모든 학교가 정기고사로 분주하지만, 새이레는 특별한 평가가 진행된다. 바로 '열매의 날'이다. 이날, 모든 학생은 스스로 자신의 한 학기를 평가하고 돌아본다. 한 학기 동안 나는 어떠한 열매를 맺었는지를 생각해보고 자신이 맺은 열매들을 3분 스피치로 준비하여 발표한다. 한 학기 동안 학교에서 배우고 성장하며 열매 맺게 해주신 하나님께 감사드리고, 더 많은 열매를 맺기 위해 다음 학기를 어떻게 살 것인지 다짐한다.

"저는 새이레에 오기 전 다른 사람들이 저에게 하나를 주면 딱 하나만 주는 사람이었습니다. 그런 제가 성품을 배우면서 이러한 모습이 잘못되었다는 것을 알게 되었습니다. 제가 아무 것도 드리지 않았지만, 예수님은 저에게 전부를 주셨습니다. 그런 예수님의 모습을 생각하면서 저도 모든 것을 나누어주어야겠다고 생각했습니다. 그리고 친구들에게 하나씩 나누어주었는데, 지금은 다른 사람에게 나눠주는 것이 제일 기쁜 일이 되었습니다. 저에게 아무 것도 주지 않아도 모든 사람에게 저의 모든 것을 나눠주는 사랑의 사람이 되겠습니다."

열매의 날, 학생들은 발표를 들으면서 하나님의 사랑 안에서 예

수님의 성품을 닮은 사람으로 회복되고 성장하는 한 명 한 명으로 인해 우리의 공동체가 하나님의 공동체가 되길, 하나님의 나라가 되길 꿈꾸고 소망한다. 이러한 경험을 통해 학생들은 우리의 공동체에만 시선이

머무는 것이 아니라 우리의 가정, 마을, 지역 사회에까지 나아가야 함을 스스로 깨닫는다.

매주 우리 가정을 위해, 마을을 위해, 지역을 위해, 나라를 위해 함께 기도하는데 기도만 하는 것이 아니라 우리 가정, 마을과 지역 사회를 위해 어떠한 일을 할 것인지 스스로 찾아보고 실천한다. 새이레기독학교가 있는 양평은 현재 초고령 사회에 진입했다. 학생들은 신세대와 구세대가 한 마을이라는 같은 공간을 공유하지만 생각과 가치관이 다르기에 세대 차이라는 평행선을 달리며 불통을 넘어 갈등을 지니고 살아가는 것에 대해 문제라고 여기고 매년 지역 어르신들과 이웃들을 초대하여 여러 세대가 함께 즐기며 감사를 나누는 "그레이스 콘서트(Grace Concert)"를 진행하고 있다. 이 콘서트를 통하여 학생들이 마을의 차가웠던 공기를 변화시키고 젊은 세대와 어르신 세대가 함께 어울려 사는 마을 문화를 만들어가고 있다.

또한 경기도와 양평군 청소년정책참여위원회로 활동하며 지역 사회 청소년들의 목소리를 대변하여 다양한 정책들을 제시하고 있다. 양평군 청소년 정책 마켓에 참여하여 양평군 청소년을 위해 다양한 정책을 제시하여 채택되었는데 적극적인 정책 참여를 통해 청소년들의 복지 및 처우 개선을 위해 힘쓰고 있다.

하나님께서 주신 세상에서 나 자신의 행복만을 위해 살아간다면 천국에 대한 소망과 기쁨은 그저 뜬구름 잡는 이야기가 될 것이다. 그러나 하나님께서 주신 세상을 더 아름답게 만들기 위해, 우리가 서 있는 곳을 사랑과 기쁨으로 회복시키고 하나님의 나라로 세워가기 위해 적극적으로 사회에 참여하는 것, 책임감을 가지고 세상 가운데에 나아가 우리의 말과 행동을 통해 하나님을 보여주는 것, 그래서 하늘에서와 같이 이 땅에서도 하나님의 나라를 누리며 사는 그 기쁨이 새이레 안에 있다.

사랑과 기쁨으로 회복되어 하나님의 나라를 이루는 하나님의 사람, 하나님의 공동체, 우리가 바로 새이레다.

# 오늘 이 순간을 기억하길

김지훈(샘물중고등학교 교사)

"우리 오늘은 글쓰기 말고 이야기하자. 주제는 '초심(初心)'이야. 올해를 시작하면서 마음에 새겼던 다짐도 좋고, 우리 수업의 시작도 좋겠지? 지금까지 그 초심을 잘 지키고 있는지, 아니면 사라져 버린 초심을 잊고 사는지."

아이들의 웃음소리와 이야기 소리로 시끌벅적해야 할 교실 속에서 덩그러니 홀로 앉아 노트북 화면을 응시한다. 10개월 전만 해도 상상도 하지 못한 온라인 수업도 제법 익숙한 모습이다. 나름 격식을 갖춘다고 차려입은 옷. 따뜻한 차와 달달한 케이크를 앞에 둔 아이들의 모습이 들어온다. 일곱 명의 아이와 즐겁게 달려온 글쓰기 수업을 마무리하는 날이다.

어떤 바람이었는지는 모르겠다. 임용을 앞둔 2013년 여름. 임용에는 뜻이 없다며 친구들과 유럽으로 떠나기로 했다. 그곳에서 눈에 담은 것들을 글로 쓰고 싶은 열망도 여행을 떠나겠다는 발걸음을 더 재촉했다. 축복 같은 파란 하늘, 눈부신 햇살. 고즈넉한 풍경과 선선한 저녁 공기. 여행의 하루를 마무리하며 노트북 앞에 앉아 오늘의 기록을 이어갔다. 임용 스트레스를 한국에 남겨두고 훌쩍 떠난 나를 칭찬했다. 그 일이 있기 전까지는.

기억조차 없다. 아침에 자고 일어났더니 텐트 안에 있던 우리 일행의 가방이 텐트 밖에 가지런히 정렬되어 있었다. 불길함이 머리를 스쳤다. 여행 경비 모두, 한 켤레 뿐이었던 운동화, 노트북을 잃어버렸다. 그동안 모은 돈을 써보지도 못하고 잃어버린 허탈함과 슬리퍼 한 켤레로 돌길을 걸어야 할 내 두 발에 대한 걱정보다 노트북 안에 기록했던 지난 열흘간의 기억들이 너무 아까웠다. 지금 생각해보면 더 많이 남은 여행에 대한 기록을 남겼을 것 같은데 왜인지 모르겠지만 과거의 나는 글을 쓰기를 포기했다. 그때부터였을까. 내 일상에 대한 기록들이 사라진 것은. 그날 지금의 나는 글을 잃어버렸다.


2020년. '글쓰기와 발표'라는 수업을 담당하기로 했다. 글쓰기가 익숙하지 않은 나에게 글쓰기 수업은 부담이었다. 글쓰기 수업에 학생들이 모일까? 글쓰기 수업을 좋아할까? 영상 시대에 글쓰기를 배운다는 건 시대착오적인 생각일까? 꼬리를 무는 의문들을 잠시 접어두고 수업의 모습을 상상해봤다. 잔잔한 음악과 향기로운 커피 향으로 교실을 채우고 노트북을 펴두고 앉아 글을 쓰는 수업. 뜨거운 여름에는 학교 앞 카페로 가 시원한 음료를 마시며 글을 쓰는 수업. 생각만으로도 기분이 좋아졌다. 구체적인 계획은 없었다. 이슬아 작가가 세바시에서 이야기한 프랑수아 트뤼포의 영화와 사랑에 빠지는 세 단계를 글을 사랑하는 세 단계로 바꿔보기로 했다. 하나는 좋은 글을 읽는 것. 둘은 글을 쓰고 나누는 것. 셋은 직접 책을 만드는 것이었다. 이런 수업을 꿈꾸며 개학을 기다렸다.

그런데 개학은… 연기되었다.


메르스도 신종플루도 그렇게 지나갔으니깐 이번에도 금방 지나가겠지 생각했지만 우리에게 닥친 팬데믹은 아이들을 학교에 오지 못하게 했다. 바뀌지 않을 것 같았던 네모난 교실은 네모난 화면 속으로 들어갔다. 온라인이 누구보다 익숙할 아이들이 화면 속에서 말을 잃었다. 쉬는 시간의 즐거움도 점심시간의 기대감도 사라진 학교생활 속에서 아이들에게 숨 쉴 수 있는 공간을 만들어 주고 싶었다. 오랜 시간 방 안에서 홀로 있어 외로웠을 것 같아서. 아니, 그냥 친

구들의 이야기가 궁금했을 거라 믿으며 수업 속에서 이야기를 하나둘 꺼내보기로 했다. 글을 쓰는 거다. 특별한 이야기가 아니더라도 그전의 경험들이 지금의 나에게 어떤 의미인지 써 보기로 했다. 그러면 지금의 일상이 좀 더 소중해질 거라 믿었다. 특별한 방법은 없었다. 그냥 자신의 이야기를 관념적이지 않고 구체적으로 쓰려고 했다. 이를 위해 각자의 삶을 읽는 시간이 필요했다. 누군가는 쉽게 자신의 이야기를 써 내려갔고, 누군가는 첫 글자도 쉽게 뱉어내지 못했다.

용기를 내서 자신의 글을 소리 내어 읽어 보기로 했다. 때로는 이어폰을 통해 각자의 바로 옆에서, 때로는 교실을 채우는 앳된 열여덟의 목소리로 자기의 삶을 읽고, 서로의 삶을 들었다. 그리고 들은 만큼 한마디씩 격려하며 반응을 했다. 웃어주고, 끄덕여주고, 말 한마디로 친구들의 삶을 받아냈다. 이 시간들이 아이들의 마음을 열었고, 서로를 이어주었다.

아토피는 보통 어른이 되면 자연스럽게 낫는다고 한다. 그래서 어른이 되면, 어른이 되면… 하며 나 자신을 다독였다. 하루빨리 어른이 되었으면 좋겠다고 발을 동동 굴렀다. 아토피는 내게 미성숙의 상징이었다. 어서 벗어나고픈 아이의 모습이었다. (중략)

아토피가 나으면, 어른이 되어버리면, 그때는 어떻게 될까. 한낱 피부병보다 더한 아픔이 있어도 혼자 껴안고 가야 할까. 도라지즙과 나밖에 없어 울던 외로운 새벽으로 돌아가야 할까.

꼭 어른이 되고 싶지만은 않다는 생각이 문득 스쳤다. 연고가 치덕치덕 발린 팔다리는 잔인하게도 점점 깨끗해졌다.

_『그냥, 열여덟』중에서

아이들에게 '어른'은 어떤 의미일까? 어른은 지금의 고민과 아픔을 극복하고 성장한 사람이면서도 더 큰 아픔 앞에 다시 아이의 모습으로 돌아가길 소망하는 존재였을까? 어른이 되고 싶으면서도 다시 아이이고 싶은 고민들이 묻어난다. 이렇게 한 발자국 어른으로 내딛고 있다는 걸 함께 글을 읽으며 깨달았다. 아이들이 글을 쓰며 삶의 순간을 기억하고 일상에 의미를 싣는 것을 느꼈다.

책을 출판할 생각은 없었다. 그냥 우리의 글을 엮어 기념할 정도로만 생각했다. 하지만 함께 글을 쓰고 나눌수록 아이들의 삶을 다른 사람들에게 보여주고 싶었다. 친구들이 가득한 학교에 있어야 할 시기에 방 안에 홀로 노트북 앞에 앉아 있을 학생들에게. 계속되는 방역으로 지쳐가는 사람들에게 우리는 모두 특별한 사람이라고. 소중한 사람이라고 알려주고 싶었다. 『그냥, 열여덟』은 그렇게 탄생했다. 원고를 완성하고 출판사를 만드니 학기가 끝났다. 이미 12학년이 되어 입시를 준비하는 아이들을 불러 계속 글을 수정하고, 책을 판매하기 위한 펀딩을 시작했다. 모든 과정이 끝나니 5월이 되었다.

모든 과정이 끝나고 지난 시간을 돌아보니 이슬아 작가의 책처럼 정말 부지런한 사랑을 한 것 같았다. 익숙하지 않다고, 바쁘다고 사랑하기를 게으르게 하진 않았나. 익숙함에 부지런히 다시 보려는 노력을 놓치며 살진 않았나. 그런데 사랑의 도구가 글쓰기일 때 인생에 어떤 변화들이 일어나는지 배운 것 같다.

저는 글쓰기 전까지 제가 개성 있는 사람이라고 생각 못 했어요. 개성은 '누가 봐도 저 사람 확 튄다' 같은 느낌이었거든요. 그런데 저처럼 잔잔하게 살아가는 사람도 충분히 개성이 존재한다는 것을, 같이 글 쓰는 친구들이 일깨워줬어요.

그동안 주변에 흔히 있는 사람이라고 생각했다면, 글을 쓰면서 저 자신을 알아가고, 알아갈수록 알아갈 게 더 많다는 생각을 했어요. 정말 그림 표지의 우주처럼요. 나 자신이 계속 팽창하는 것 같고. 주변에서 귀에 못이 박히게 너 자신을 찾고, 정체성을 확립하라고 말하는 이유를 알겠어요. 무엇보다 '아 저 사람들은 특별한 사람들이니까 저렇게까지 할 수 있는 거야'라고 생각하지 않았으면 좋겠어요. 왜냐하면, 저희는 정말 평범하거든요. 제목도 『그냥, 열여덟』이에요. 저희도 평범하게 똑같이 살아가는 사람들이에요. 특별한 사람들이 글을 쓰는 거라고 생각하지 않고, 누구나 쓸 수 있으니까 꼭 써보셨으면 좋겠어요.*

글을 쓰는 건 참 번거롭다. 더군다나 글을 함께 읽고 나누는 것은 큰 용기가 필요했다. 그럼에도 글을 쓰고 나누는 일은 필요하다. 일상을 조금 더 느리게 세심하게 바라보게 한다. 그리고 그 일상 속에 숨 쉬는 자신을 온전하게 알게 해준다. 그렇게 나를 발견하면 이제 주변 사람들을 바라보게 된다.

"열여덟에 이렇게 글을 쓰고 있는 모습을 열일곱의 저는 상상할 수도 없었을 거예요. 상상도 못했던 일이 현실로 이루어진 열여덟의

---

* '나다움'을 담은 『그냥. 열여덟』의 이야기. 샘물중고등학교 글이다.
  프로젝트 인터뷰|작성자 youthvoice_my

순간들로 때때로 돌아와 힘을 얻을 것 같아요."

눈부신 열여덟을 함께 보냈던 아이들에게 우리가 함께 보낸 시간이 행복한 추억으로 남길. 그리고 이 경험이 너희가 살아가는 인생에 작은 돌계단 하나 되길.

잃어버렸던 글이 다시 내 삶에 살며시 들어왔다.

# 이것이 통일이다
### 한옥진(생수의강기독학교 교사)

꧁

생수의강기독학교는 통일 시대에 리더를 키우는 중고등학교입니다. 처음에 학교에 왔을 때는 기대보다는 두려움이 더 컸습니다. 질풍노도와 같은 중고등학생들, 남한 학생들에게 상처받지 않을까 하는 막연한 두려움도 있고 문화가 다른 선생님들과 학생들, 학부모님들과 잘 지낼 수 있을지에 대한 두려움이 있었습니다. 상처받을 것 같은 두려움이 있는 사람은 먼저 벽을 치는 것처럼 저도 마음의 벽을 쳤습니다. 마음을 완전히 닫진 않았지만 그렇다고 확 열지도 않고 얼마를 지냈습니다. 이런 제 마음을 아는지 모르는지 학생들은 스스럼없이 내 마음의 벽을 밀고 들어왔습니다. "선생님, 너무 예뻐요. 선생님, 북한에 대해 너무 궁금해요. 선생님, 하나님은 어떻게 만났어요?" 너무 궁금한 표정으로 마구 던지는 질문들은 조금씩 내 마음을 열고 있었습니다. 어느 순간 보니 늦은 시간까지 학생들을 공부 시키고 있었고 학생들과 북한에 대해, 통일 비전에 대해 토론을 하고 있는 모습을 발견하게 되었습니다.

그러던 중 코로나가 더욱 심각해지고 멀리서 대중교통을 타고 다니는 것이 위험하여 당분간 교장 선생님 집에 머무르게 되었습니다. 처음에는 죄송한 마음과 어색함을 감출 수가 없었지만 어쩔 수 없는 상황이라 받아들이고 지내게 되었습니다. 지금은 그 시간이 하나님이 진정한 통일을 보여주기 위한 기회였다는 것을 깨닫게 되었습니다. 일을 마치고 집으로 들어가서 밤이 새도록 교장 선생님 가족과 살아온 이야기를 하며 시간을 보내고 서로를 이해하는 시간을 가졌습니다. 살아온 환경도 다른데, 성격도 상반되어 서로 이해하는 마음이 없으면 함께 마음을 맞추기가 어려운데 언니, 동생이 되어 함께 지내면서 서로를 더 이해하게 되고 공감하게 되었습니다. 어떤 때는 쌓인 것이 있어 눈물로 화해한 적도 있고, 함께 맛있는 것을 먹으며 하루하루 가족이 되어 갔습니다. 하나님은 그 시간을 통해 우리에게 진정한 통일이 무엇인지 알려주고 싶었던 것 같습니다. 지금 우리 학생들과도 그렇게 학교에서 부딪히기도 하고 울며 화해하기도 하며 작은 통일을 이루어가고 있습니다.

"너희는 왜 북한을 위해 기도하니?"

**학생 1:** 전에는 북한에 대해 관심이 없었는데 학교에서 북한에 대해 들으면서 통일을 위해 기도해야겠다는 생각이 들었어요.

**학생 2:** 우리 학교가 북한을 품고 기도하기 때문에 북한을 위해 기도해요.

**학생 3:** 이 학교에 와서 '북한의 이해' 수업을 통해 힘들게 사는 북한 사람들을 알게 되었고 통일이 되어 함께 행복하게 사는 것이 대한민국 국민으로서 해야 할 일이라고 생각해요.

**학생 4:** 전혀 북한에 대해 관심이 없었는데 학교에 와서 북한에서 오신 옥진 선생님을 만나고 하늘꿈학교 탈북민 형, 누나들을 만나게 되면서 그들의 고향이 내 고향처럼 느껴졌어요.

매주 수요일마다 하는 온라인 북한 기도회에서 리더가 던진 질문입니다. 모두가 학교에 와서 북한에 대해 듣게 되고 북한을 품게 되었다는 고백입니다.

우리 학교는 처음 설립 때부

터 교장 선생님에게 북한을 향한 마음을 주셔서 통일세대를 키우는 학교로 세워졌습니다. 저는 통일에 대한 비전을 가지고 북한을 위해 기도하고 있다는 소개를 받고 들어오게 되었습니다. 하지만 북한을 위해 무엇부터 어떻게 해야 할지 막연했습니다. 그러던 중 북한에 계신 아버지의 소식을 들었습니다.

우리 가족이 탈북한 이후 아버지만 홀로 남아 연대적 책임으로 감옥에 계시며 고통을 받고 있었는데 출소할 때쯤 되어 브로커를 통해 친척에게 연락을 했습니다. 친척이 알아 본 대답은 "찾지 못할 곳에 갔으니 찾지 말라"는 것이었습니다. 이 말은 정치범 수용소에 갔거나 죽었다는 의미인 것이었습니다. 아버지가 출소하면 한국에 모시고 와 행복하게 살날만 손꼽아 기다리던 딸에게는 너무도 절망적인 소식이었습니다. 하지만 이 계기를 통해 북한 땅을 향한 하나님의 마음을 깨닫게 되고 이것을 학생들과 함께 나누었습니다.

그 간증을 듣고 학생들은 눈물로 제 아버지를 위해 기도했고 북한을 향한 하나님의 마음을 깨닫게 되었습니다. 어떤 학생은 그 간증을 듣고 울며 나를 찾아와 "선생님의 간증이 정말 내가 겪은 것처럼 느껴져서 마음이 너무 아팠어요"라고 말하며 펑펑 울었습니다.

그 일이 있은 후로 우리는 매주 수요일마다 북한을 위해 기도하는 모임을 만들었고 북한을 구체적으로 알기 위해 '북한의 이해' 수업을 시작했습니다. 무엇부터 해야 할지 몰라 탈북 영상을 학생들과 함께 보기도 하고 탈북민 대안학교에서 하는 북한 기도회도 한 달에 한 번씩 참여했습니다. 학생들은 하나, 둘 북한을 향한 하나님의 마음을 받게 되고 눈물로 북한을 위해 기도하는 자들로 자라나게 되었습니다.

이제는 학생들의 입술을 통해 멀리 있던 북한이 우리 선생님의 고향이 되었고 형, 누나, 오빠, 언니의 고향이 되었다고 이야기하고 있습니다.

이제는 나보다 더 북한을 위해 울며 기도하는 모습을 바라보며 하나님 앞에 부끄러울 때가 있습니다. 가깝지만 먼 나라가 아닌 정말 가까운 "나의 가족의 나라", 이것이 우리 학교가 북한을 위해 기도하고 통일을 바라는 마음이라고 생각합니다.

많은 사람이 이런 마음을 가지고 기도할 때 통일이 부담스러운 일이 아닌 선물이 될 수 있습니다. 진정한 가족이 되어 함께할 때 남북이 하나 되어 하나님을 찬양하고 부강한 통일 한국이 될 수 있다고 믿습니다.

# 주님 오시는 그날까지 소명인
### 정승민(소명학교 교사)

소명학교는 2012년 하나님의 인도하심에 따라 국내 최대 기독교사 단체인 좋은교사운동의 이사장 신병준 교장 선생님과 회원 교사들이 뜻을 모아 세운 학교입니다. 개척했던 선생님들은 '부르심의 한 소망(엡 4:4)'을 품고, '하나님을 사랑하고 이웃을 사랑하는 소명인'을 교육하기 위해 가장 필요한 것은 재정도 좋은 건물도 아닌 '좋은 교사'라는 신념을 공유했습니다. 이에 동의하고 같은 마음을 품은 교사들이 지속적으로 모였습니다.

저 역시 '정말, 소명학교 같은 학교에서 예수님을 닮은 학생들을 교육시키고 싶다'는 생각을 했고, 2012년 7년간 근무했던 학교에 사표를 내고 역사 교사로 지원해 2013년부터 함께 섬기게 되었습니다. 소명학교에서는 저뿐만 아니라 공립학교에서 연금을 포기하신 선생님들이 이미 여러 명 있다는 사실을 알게 되었습니다. 선생님들의 이런 점을 학부모님들도 높이 평가했는지 개교부터 많은 학생이 소명학교에 지원했습니다. 세상의 좋은 조건을 내려놓고 오신 선생님들이 계신 학교라면 자녀를 맡겨도 되겠다는 이야기를 지원하시는 많은 학부모님이 하셨다고 들었습니다.

소명학교에서 근무하면서 첫 번째로 놀란 것은 교장 선생님의 탈 권위의식이었습니다. 예수님의 섬기는 리더십을 몸소 보여주셨습니다. 아침마다 학생들을 맞이했고, 수업을 직접 하시고, 교장실 없이 선생님들과 같은 교무실에서 한 자리를 배정받아 스스럼없이 소통하고, 학교 주변 쓰레기를 줍고, 날마다 말씀과 기도를 실천하는 모습은 일반 학교에서 보던 교장 선생님의 모습과 달라서 신선한 충격이었습니다. 무엇보다 예수님의 섬김을 모델로 예수님께 이미 받은 사랑으로 제자들 한 명 한 명을 인격적으로 대하셨습니다.

해마다 졸업을 앞둔 12학년 학생들을 점심시간에 만나서 개인적인 이야기를 들어 주시고 마음을 다해 기도해 주셨습니다. 소명 6기 졸업식에서는 학생들이 교장 선생님께 상을 받는 것이 아니라 학생

들이 교장 선생님께 감사장을 전달하는 진풍경이 펼쳐지기도 했습니다. 삶으로 가르침을 전했기에 마음에서 우러나온 감사장을 전달한 것입니다. 감동적이었던 감사장의 내용을 나눕니다.

지혜 있는 자는 궁창의 빛과 같이 빛날 것이요 많은 사람을 옳은 데로 돌아오게 한 자는 별과 같이 영원토록 빛나리라(단 12:3)

예수님의 제자들을 양성하기 위해 모두가 가지 않으려는 좁은 길에 서서 부르심의 한 소망을 외치시며 묵묵히 걸어가신 선생님이 계셨기에 오늘의 저희가 있을 수 있었습니다. 소명에서 보고, 듣고, 느낀 것을 통해 세상에서 주의 참된 일꾼으로 서겠습니다. 정직하고, 사랑하며, 소명인답게 살아가는 소명 6기가 되겠습니다. 참된 크리스천의 모습을 삶으로 가르쳐주신 선생님께 감사하며 이 감사장을 수여합니다.

2020년 2월 15일 소명 6기 일동

소명학교는 '남북통합', '성서한국', '세계선교'라는 핵심가치 아래 중등과정에서는 예수님을 인격적으로 만나는 것을 강조하고, 고등과정에서는 예수님을 인격적으로 만난 사람들이 어떻게 세상에서 살아가야 하는지 고민하도록 교육과정의 큰 방향을 잡고 있습니다.

모든 교과에서 기독교 세계관을 접목해 가르치고 있습니다. 하지만 일반 학교에서 무한경쟁과 입시 교육에 특화되었던 제게 기독교 세계관으로 가르친다는 것은 쉽지 않았습니다.

소명학교에서는 누가 먼저라 할 것도 없이 교사들이 자발적으로 연구하고, 함께 책을 읽고 공부했습니다. 그 시간을 보내며 대학시절 교사가 되기로 결정했던 첫 마음이 되살아나는 것을 느꼈고, 소명학교에서 교사로 지내는 하루하루가 참 행복하고 감사했습니다.

여러 수업 중에서 가장 기억에 남는 수업은 해마다 신입생들과 함께 가는 양화진외국인선교사묘원 역사탐방 수업입니다. 양화진외국인선교사묘원에는 아무도 관심 갖지 않았던 조선 땅에 예수님의 사랑을 전하고자 자신의 삶을 헌신한 선교사님들을 만날 수 있는 곳입니다. 탐방 후 학생들은 독특한 개인 보고서를 제출합니다. 하얀 종이에 탐방을 다녀와서 배우고, 느낀 점을 자유롭게 표현합니다. 그리고 자신의 묘비를 써보는 수행 과제를 진행합니다. 그중에서 한 학생의 묘비를 나눕니다.

"죄인으로 태어나 영생을 얻고 자녀로 죽다."

'어찌 이것이 한 학생의 고백으로만 남을 문장일까요?' 많은 선생님이 학생이 쓴 글귀를 보고 깊이 감동했고, 큰 울림이 있었다고 했습니다. 우리가 기독교 교육을 하는 여러 가지 이유가 있겠지만 죽기 전 이 한마디를 할 수 있도록 해야 하는 게 아닐까 생각했습니다. 학생들은 탐방을 다녀오고 나서 오늘날 우리가 자유롭게 예수님을 믿을 수 있게 된 것은 선교님들의 순종, 희생, 헌신이 있었기 때문이었음을 깨달았고, 선교사님들께 더욱 감사하는 마음을 갖게 되었다고 했습니다. 공부만 잘하는 인재가 아니라 하나님의 사랑을 실천했던 인물의 삶을 만나면서, 그렇게 살아가길 다짐하는 소명의 제자들이 많이 세워지길 기도해봅니다.

최근 코로나19로 많은 교육활동이 제한되고 있습니다. 재학생 가족 중 한 명이 코로나19 검사 후 확진을 받았습니다. 다행히 학생은 음성을 받았지만 2주간 자가 격리를 해야 했습니다. 자가 격리를 마치고 재검사 후 학교로 오게 되는 날이 하필이면 학기말 시험 첫 날이었습니다. 게다가 가족 모두 자가 격리를 해야 하는 상황이어서 검정고시 접수도 할 수 없는 상황이었습니다. 학교 시험을 준비하기 위한 교과서와 노트가 학교 사물함에 있어서 누군가 대신 가져다주어야 했습니다. 이 필요를 담임 선생님이 읽어내고 퇴근 후 직접 방문해서 문 앞에 책을 가져다주고, 원서 접수에 필요한 것을 가져와 대리 접수까지 해주셨습니다.

가정을 위로하고 조속히 회복을 요청하는 기도 부탁을 하면 되리라 생각했습니다. 그런데 정말 필요한 도움에 대해서는 생각을 못했습니다. 담임 선생님이 이런 필요를 읽어내고 실제로 돕는 모습이 너무 감사했습니다. 교사로서 잘 가르치는 전문성도 중요합니다. 하지만 학생의 필요를 읽고 도움을 줄 수 있는 사랑의 마음은 더욱 귀하다는 생각을 했습니다. 이런 마음을 품을 줄 아는 동료 교사들과 오늘도 소명학교에서 교사로 근무하는 하루하루가 참 감사합니다.

사랑에는 다섯 가지 요소가 있어야 합니다.

첫째, 먼저 찾아가는 것이 사랑입니다.

둘째, 먼저 말을 거는 것이 사랑입니다.

셋째, 필요를 채워주는 것이 사랑입니다.

넷째, 기회를 주는 것이 사랑입니다.

다섯째, 상대방의 수준으로 내려가는 것이 사랑입니다.

_ 이재철 목사님

이재철 목사님이 언급한 '사랑'의 원형이 바로 예수님의 사랑입니다. 그 사랑을 받고 경험하는 교사들이 있는 곳이 기독교 대안학교라고 생각합니다. 교장 선생님의 섬기는 리더십, 양화진 탐방 수업 이야기, 최근 코로나 상황 속에서도 사랑으로 제자를 섬겼던 담임 선생님의 모습도 예수님의 사랑이라는 공통분모를 가지고 있습니다. 생명력 넘치는 소명학교의 이야기는 주님이 오시는 그날까지 이어질 것입니다.

'부르심의 한 소망'(엡 4:4)을 품은 소명교육공동체에 교사로 섬기게 하신 하나님께 감사드리며 주님 앞에 서는 날, "잘하였다. 착하고 충성된 종아!"라고 칭찬해주시고 안아줄 예수님의 품을 소망하며 오늘도 부르심의 자리에 순종하며 나아갑니다.

# 나의 손을 떠난 믿음의 사칙연산
### 고은지(쉐마학교 교사)

🖋️

"안녕하십니까!"

어디서 힘 좀 써본, 소위 '어깨'라 불리는 분들이 허리를 직각으로 굽히는 그림이 떠오르지만, 이제 내게는 세상에서 제일 귀여운 목소리로 머릿속에서 재생된다. 우리 학교의 공식 인사말이기 때문이다.

떠지지 않는 눈을 겨우 뜨고 출근하는 게으른 선생님이 터벅터벅 학교로 들어서면 나를 발견한 아이들이 세상에서 제일 사랑스럽고 힘찬 목소리로 인사한다. 아이들의 목소리로 매일 들어봐야 이게 얼마나 귀여운 인사일 수 있는지 알 텐데!

우리 학교는 선생님도 아이들에게 "안녕하십니까!" 하고 인사를 해야 한다. 낯선 인사말이 입에 붙지 않았을 때는 선생님이니까 먼저 자연스럽게 해야 함에도 불구하고 어색해했는데, 스펀지 같은 우리 아이들은 제일 막내인 1학년부터 제일 선배인 9학년까지 처음부터 참 잘했다. 우리 아이들의 밝은 인사로 아침부터 학교는 활기가 넘친다.

우리 학교에는 하나님의 마음을 알아가는 '하마' 시간이 있다. 말씀을 지식으로 아는 것에 그치지 않고 그 속에 담긴 하나님의 진짜 마음은 무엇인지 깊이 고민하고 나누는 시간이다.

처음 이 시간을 시작했을 때 아이들은 조금 어려워했다. 이 시간에는 정답을 알 수 없는, 심지어 교사도 계속 고민해야 하는, 질문을 많이 던지기 때문이다.

자녀를 기독교 대안학교에 보냈다는 것만으로도 부모님들이 얼마나 신앙 교육에 관심이 많으신지 알 수 있다. 우리 아이들은 가정에서 말씀에 대해 배우고 철저한 신앙 교육을 받아왔을 것이다. 학교에서 아이들과 말씀 관련된 이야기를 나누다 보면 아이들이 성경 말씀에 대해 아는 것이 많아 깜짝 놀라기도 할 정도니까. 그래서 성경 지식에 대해 질문하면 '정답'을 잘 말한다.

늘 아쉬웠던 것은 하나님을 머리로 아는 것은 그리스도인이 아닐지라도 가능한 것이라는 점이다. 아이들이 머리로 아는 것 말고 마음으로 하나님을 궁금해하고 진심으로 말씀을 재미있어하길 소망해왔다. 이제야 조금, 부모님의 신앙이 아닌 자신의 신앙으로 말씀을 보고 질문하기 시작했다.

다른 교과목 시간, 쉬는 시간 가릴 것 없이 기회가 되면 자유롭게 하나님에 대해 나누지만, 주로 앞서 말했던 하마 시간에 선생님과 아이들이 함께 묵상을 나눈다. 노아의 방주 사건에 대해 배우며 아이들이 네 컷 만화(본문 말씀을 네 부분으로 나눠 그림을 그리는 활동)를 그리고 있는 동안 나도 칠판에 거대한 방주를 그렸다. 그 앞에 날아가는 비둘기도 그리고. 그걸 보더니 한 아이가 질문했다. "선생님, 저 때 펭귄도 방주에 탔어요?" 비둘기를 그렸는데 펭귄을 떠올리게 한 내 그림 실력은 둘째 치고, 생각도 안 해봤던 내용이라 멈칫하였다. 아이들과 함께하며 선생님으로서 누릴 수 있는 여러 특권 중 하나가 어른을 뛰어넘는 생각들을 수시로 접할 수 있다는 것이다. "글쎄, 지금 존재한다는 건 이때 멸종하지 않았다는 증거겠지? 진짜 어땠을까?" 하고 나도 궁금해하며 대답하자 이어서 자유로운 상상의 질문들이 던져졌다. "그러면 물고기들은 어떻게 됐어요?" 정답을 알 수 없는 생각을 시작하고 그걸 자유롭게 선생님에게 내보이고, 선생님이 답할 틈도 없이 서로가 답하기도 한다. 이날 우리는 칠판에 그려놨던 방주에 여러 층을 만들어 맨 밑층을 물이 담긴 물고기

구역으로, 그 위는 포유류 구역으로, 그 위는 또 다른 동물 구역으로 그리고 맨 위에 조류 구역을 만들어 보았다.

　또 재미있는 상상의 질문이 나왔었다. 나도 한 번도 해보지 않았던, 마찬가지로 답을 알 수 없는 상상의 질문이었는데, "하나님께서 장미의 가시를 만드셨을까요?" 하는 내용이었다. 이 질문을 한 아이가 생각했을 때는 가시에 찔리면 다치는데, 에덴동산은 고통도, 슬픔도 없는 곳이라 알고 있으니 아담과 하와가 장미의 가시를 만지면 어떻게 됐을까 하는 상상에서 비롯된 것이었다. 그래서 함께 고민하다가 '피가 나고 상처가 난다는 것은 생명에 위해를 가할 수 있다는 것이므로 죽음에 대한 개념이 생긴 이후에 생겨나지 않았을까, 그렇다면 가시가 사람에게 해를 입히는 것은 에덴동산에서 추방당한 이후에 가능했을 것 같다, 혹은 가시 자체가 아담과 하와가 에덴동산에서 쫓겨난 이후 만들어졌을지도 모르겠다'와 같은 내용을 나누었다. 아이 입장에서는 아주 작은 상상에서 비롯된 질문처럼 보일지 몰라도 나에게는 굉장히 철학적인 고민을 하게 만드는 질문이었다. 하나님께서 세상을 만드셨을 때의 존재 목적을 올바르게 알고 있는가 하는 흥미로운 사색 거리가 생긴 셈이다.
　여담으로 이 내용을 동료 선생님과도 나눈 적이 있는데, 이 선생님께서는 에덴동산에 있을 때 사람이 가시를 향해 손을 뻗으면 움츠러들거나 피하지 않았을까 하는 새로운 생각을 나누어 주셨다. 아이들과 함께 말씀 안에서 자유롭게 상상하고 나눈다. 나누고, 나누고, 나누었더니 훨씬 풍성한 생각의 열매들이 맺혔다.

고난주간에 아이들과 함께 가시면류관 만들기 활동을 했었다. 갈색 모루(털로 감싸진 철사)를 머리둘레에 맞게 둥글게 말고 중간중간에 빵 끈으로 감아 가시를 만들어 머리에 써보았다. 안전하고 상처 날 리가 없는 가시면류관을 쓰는데도 아이들은 따가워했고, 나조차도 쓰기가 조심스러웠다. 아이들과 함께 예수님께서 받으신 고난을 묵상하고 십자가의 의미에 대해 나누었다. 십자가를 보며 우리는 예수님의 사랑을 떠올리지만, 십자가 자체는 아주 잔악한 사형도구였다는 이야기를 하자 예수님께서 십자가에 매달리신 게 아니라 다른 방법으로 돌아가셨다면 하는 상상으로 이야기가 확장되었다. 그랬다면 어땠을까 하는 나의 질문에 어떤 아이가 대답하였다.

"지금 십자가를 보며 예수님의 사랑을 떠올릴 수 있는 건 예수님께서 십자가에 못 박혀 돌아가셨기 때문이니까, 예수님께서 다른 방법으로 돌아가셨다면 우리는 십자가가 아닌 그것을 보며 예수님의 사랑을 떠올렸을 거예요."

아이들이 말씀을 가까이하며 자라가다 보니 스스로 정말 중요한 핵심을 남기고 나머지는 뺄 수 있게 되었다는 것이다. 십자가 모형을 보물단지 모시듯 신성시하는 것이 믿음이 아니고 십자가를 보며 예수님의 사랑을 떠올리는 것이 참된 믿음임을 배운다. 아이들이 십자가의 핵심만 남기고 나머지는 뺄 수 있게 된 것이다. 아이들과 이 나눔을 하며 나는 얼마나 벅찼는지 모른다. 아이 입으로 참된 고백이 나올 때의 감격은 말로 표현할 수가 없다.

물론 아직 어리기 때문에 불분명한 생각들도 가지고 있다. 간혹 내가 천국에 가고 싶다 하고 이야기하면 아이들은 선생님은 죽으면 바로 천국에 갈 수 있다고 확신하는 것이 신기하다는 듯이 말할 때가 있다. 나도 어릴 때 '나는 지금 믿음이 약한데, 오늘 죽으면 천국에 갈 수 없을 것 같은데 어떡하지?' 하며 걱정하던 때가 있었는데, 아이들이 딱 그런 이야기를 한다. "죽어서 눈을 떴는데 지옥이면 어떡하지?"라든지 "물론 믿지만요. 잘 믿을 때 있고 못 믿을 때 있잖아요."라는 이야기를 한다.

이렇게 헷갈려하는 내용은 아이들에게서 차차 빼야 할 부분이다. 혼낸다고 해결될 부분도 아니고 강요한다고 해결될 부분도 아니다. 지금까지 그래온 것처럼 아이들이 깨닫는 날까지 앞으로도 구원은 전적으로 하나님께 있음을 이야기해줘야겠다는 생각을 하게 된다. 믿음은 쉽게 변하는 나로부터 시작되는 것이 아니라 영원불변하시는 하나님께로부터 시작되는 것임을 알게 되면 불분명한 부분은 아이들로부터 빠지고 분명한 본질만 남을 것이다.

나는 아이들에게 "어른들이 하나님을 만난 이야기로 만족하지 말고 너희가 직접 하나님을 만나라. 부모님의 믿음으로 너희가 구원받는 것이 아니다. 하나님의 심판대 앞에는 너희 각자가 혼자 서 있어야 한다. 그러니 하나님에 대해 직접 고민하고 또 고민해라."고 늘 이야기한다. 나는 부모님께 물려받은 믿음의 유산은 아이들 신앙의 훌륭한 밑거름일 뿐, 이것이 전부가 되어서는 안 된다고 생각한다. 그래서 아이들에게 직접 고민하라고 이야기하고 있다.

모든 기독 교사의 소망이겠지만, 나는 아이들이 자신이 고민하면서 하나님을 궁금해하고 그렇게 갈급함으로 하나님을 찾고 만났으면 좋겠다. 그저 믿음의 선배들이 하는 말이 정답인 것처럼 혹은 그게 멋지고 그럴싸해 보여서 받아들이는 것 말고, 한 명 한 명을 각각 주목하시는 하나님을 깨달아 '나'의 하나님을 찾았으면 좋겠다.

어느 날 한 아이가 이렇게 물어왔다.

"선생님, 저는 예수님이 사시던 시대에 산 것도 아닌데 왜 제가 예수님을 십자가에 못 박았다고 하나요?"

'내가 예수님을 십자가에 못 박았다, 내가 예수님을 핍박한 자다.'라는 누군가의 고백을 어디에선가 들은 모양이다. 이 질문을 들었을 때 나는 굉장히 기뻤다. 드디어! 드디어 아이가 자신의 죄의 문제와 마주할 준비가 된 것이다. 내가 왜 죄인인지 의문을 품고 하나님께 여쭤야 비로소 내가 죄인이라는 것을 깨닫게 되고, 그 순간 하나님의 은혜에 진심으로 감격할 수 있을 것이다. 그 아이에게 계속, 계속 궁금해하라고 했다. 계속 의문을 품고 여쭤보라고 했다. 그리고 언젠가 숨이 막힐 정도로 벅찬 하나님의 사랑에 대해 함께 나누자고 했다. 하나님을 궁금해하는 질문이 더해지는 만큼 아이들의 믿음이 자라고 있을 테니까 그날이 너무 기다려지고 기대된다.

쉐마학교 선생님들이 모여 하는 이야기는 대부분 아이들 이야기다. 아이들과 생활하면서 있었던 웃겼던 일로 함께 웃기도 하고, 고민되는 일로 함께 울기도 하고, 행복했던 일을 자랑하기도 한다. 필연적으로 선생님들 머릿속에는 아이들이 꽉 차 있다. 초롱초롱한 눈으로 나를 바라보고 있는 내 앞의 영혼 하나하나를 떠올리면 두렵고 떨려 잠을 설칠 때가 있다. 내가 이 영혼들에게 할 수 있는 것, 줄 수 있는 것이 없어서, 도무지 어떻게 해야 할지 몰라 눈물이 날 때가 있다. 그렇게 고민하다 보면 하나님께서 다시금 깨닫게 하신다. '맞다, 내 아이들이 아니었지. 하나님께서 키우시는 하나님의 자녀들이었지.' 하나님께서 아이들을 키우시기에 나도 모르는 사이 아이들은 말씀 안에서 자유로이 상상하여 묵상을 나누고, 본질이 아닌 것들은 빼며, 하나님에 대한 의문을 더해간다.

그렇게 쌓이는 일상으로 아이들의 믿음은 어느새 곱절이 되어 있다. 더하고 빼고 나누고 곱하는 것은 수학에만 있는 줄 알았는데, 내가 할 수 없는 사칙연산이 있는 것이다. 이 사칙연산은 하나님께서 하시니 나는 아이들을 마음껏 사랑하기만 하면 된다. 사랑한 것뿐인데 아이들 곁에서 그 성장을 지켜볼 수 있다니 얼마나 큰 축복인가. 그래서 우리 학교 아이들 한 명 한 명에게 모두 눈이 가고 마음이 간다. 그리고 이 아이들과 함께하는 매 순간이 너무 귀함을 느끼게 된다.

# 생명이 넘치는 우리기독학교 이야기
## 이슬기(우리기독학교 교사)

### 자라나는 새싹들이 모여 있는 우리기독학교

"선생님! 선생님! 어제 있잖아요~" 하며 시작되는 우리 아이들의 재잘재잘 재미난 이야기는 우리기독학교의 아침을 시작하는 종소리와도 같습니다. 어찌나 하고 싶은 말이 많은지 어제 무엇을 먹었고, 부모님과 무엇을 했고, 자신이 종이접기를 했는데 어떤 작품인지 아침부터 와서 이야기를 하는 우리 아이들의 목소리가 생동감 넘치는 우리기독학교를 시작하게 해줍니다.

아침 등교 때의 모습을 보면 마치 결승선을 향한 달리기 경주를 하듯 아이는 가방을 메고, 부모님들은 아이들의 악기와 실내화를 들고 학교 정문의 결승선을 향해 뛰어옵니다. 어머니께 다녀오겠다고 크게 외치며 손을 빠르게 흔드는 아이의 모습, 얼른 들어가라고 손짓하시는 어머니의 모습을 교무실 창문을 통해 바라보고 있으면 제가 오늘도 '학교'에 있음을, '교사'로 이 자리에 있음을 다시금 상기하게 됩니다.

우리 학교를 떠올리면 마치 양분을 받으며 귀엽게 춤을 추듯 자라나는 새싹들처럼 초록색 활동복을 입은 아이들이 밝게 웃으며 활기찬 학교생활을 하는 모습이 떠오릅니다. 이번 글의 주제와 같이 생명이 넘치는 학교처럼 말입니다.

'생명'이라는 단어는 '사람 또는 동식물이 살아서 숨 쉬고 활동할 수 있게 하는 힘'이라는 소중한 뜻이 있습니다. '생명' 하면 떠오르는 형상은 첫째로는 하나님, 둘째로는 창조하신 피조물이 아닐까 싶습니다. 하나님께서는 자신의 형상대로 인간을 만드시고 코에 생기를 넣어주셔서 이 땅에서 사명을 이루며 살게 하셨습니다. 우리는 하나님이 주신 생명을 가지고 각 사람에게 허락하신 소명의 영역에서 생명력 있게 살아가게 하셨는데, 저에게는 '교사'라는 귀한 소명을 주셨습니다.

## 교사로서의 소명. 네 입은 내가 지었단다

복도에서 우리 아이들이 "선생님!"이라고 부를 때 '내가 선생님 이라니…' 하며 벅찬 마음이 들 때가 있습니다. 부족한 부분도 많고 아직은 배울 것이 너무 많은 제가 선생님이라는 위치에 있을 수 있음에 벅차고 감사한 마음이 들기 때문입니다.

저에게 선생님은 참 의미 있고 소중한 존재입니다. 그저 단순히 먼저(先) 산(生) 사람을 일컫는 말이 아니며, 세상의 지식만을 가르치는 존재도 아닙니다. 선생님이란, 먼저 배우고 살아가는 사람으로서 하나님께서 우리 아이들에게 마땅히 가르치기 원하시는 바를 자신이 먼저 깨닫고 행하며 전하는 사람이라 생각합니다.

저에게 주신 교육의 꿈을 구체화시킨 시기는 중학교 2학년 때 담임 선생님과의 만남부터입니다. 담임 선생님께서 학생들에게 보여주신 사랑을 보고 교육자를 꿈꾸게 되었기 때문입니다. 소위 '문제아'라고 불리던 학생이 많았던 우리 반의 한 남학생은 집도, 학교도 벗어나 크게 방황하고 있었습니다. 1학기 중반 즈음, 그 학생이 행방불명되어 담임 선생님께서 백방으로 찾아다닌 사건이 있었습니다. 그 친구를 드디어 찾은 그날, 선생님께서 먼저 하신 일은 꾸짖음도 훈계도 아닌 '돈가스 같이 먹기'였습니다. "배고팠지. 선생님하고 돈가스 먹으러 가자." 사랑이 담긴 그 한마디에 그 아이의 인생은 달라졌습니다. 학교를 안 나오고 좋지 않은 것에도 손을 댔던 그 학생은 학교에 나오기 시작했고, 가정으로 돌아갔으며, 감사하게 학교를 졸업할 수 있었습니다.

당시 반장이었던 저는 담임 선생님 옆에서 이 모든 과정을 지켜볼 기회가 있었고, 이를 통해 저 또한 한 아이의 인생에 선한 영향력을 끼치는 사람이 되고 싶다는 꿈을 가지게 되었습니다. 하나님이 인도하시는 아이의 인생길 가운데, 그 옆에서 묵묵하게 함께 걸으며, 길을 잘못 들 때에는 바른 방향을 알려주고, 장애물이 있을 때에는 넘을 수 있는 힘을 주고, 가다가 쉬고 싶을 때는 함께 쉬어줄 수 있는 그런 사람이 되고 싶었습니다. 이러한 소명을 허락하신 예수님은 저를 우리기독학교에 교사로 세워주셨습니다.

우리기독학교를 두고 기도할 때 저에게 주신 말씀은 바로 출애굽기 4장 10-12절 말씀이었습니다.

> 모세가 여호와께 아뢰되 오 주여 나는 본래 말을 잘 하지 못하는 자니이다 주께서 주의 종에게 명령하신 후에도 역시 그러하니 나는 입이 뻣뻣하고 혀가 둔한 자니이다

여호와께서 그에게 이르시되 누가 사람의 입을 지었느냐 누가 말 못 하는 자나 못 듣는 자나 눈 밝은 자나 맹인이 되게 하였느냐 나 여호와가 아니냐 이제 가라 내가 네 입과 함께 있어서 할 말을 가르치리라

교육에 대한 꿈은 크지만, 과연 내가 그에 합당한 사람인지, 능력은 되는지 의심이 많았던 저에게 하나님께서는 네 입도 내가 지었고, 네 능력으로 가르치는 것이 아니라 하나님의 능력으로 마땅히 가르칠 것을 알려주신다고 말씀해 주셨습니다. 마땅히 가르칠 것 중에 하나님의 시선으로 세상을 바라볼 수 있는 눈을 아이들에게 심어주라 하시며, 하나님이 통치하시는 세상을 알아가는 사회 교과를 가르치도록 세워주셨습니다.

## 정말 멋진 친구들이구나!

저의 학창 시절 속 교무실은 아무나 들어갈 수 없는, 마치 발소리라도 내었다가는 큰일이 날 것만 같은 공간처럼 느꼈습니다. 교무실을 들어가기 전, 항상 문 앞에서 심호흡을 두 번 하고 떨리는 마음으로 들어갔던 기억이 납니다.

하지만 우리기독학교 교무실은 다릅니다. 참새가 방앗간을 그냥

지나치지 못하듯 우리 아이들은 쉬는 시간마다, 점심시간마다 교무실에 들어와 참새처럼 이야기를 하고 갑니다. 왁자지껄한 우리 7, 8학년 아이들은 동네 이장님처럼 여러 일에 관심이 많고 궁금한 것도 많아 오늘 저녁 식사는 무엇을 드실 건지부터 여러 주제를 이야기하고 갑니다. 조용하기로 유명한 우리 9학년 친구들은 때론 아무 말도 않고 교무실에 들어와 가만히 선생님들을 바라보며 앉아 있습니다. 그러다 종이 치면 슬며시 일어나 "안녕히 계세요." 하고 느리게 인사하며 자기 반으로 돌아갑니다. 이런 학생들과 있다 보면 어쩜 저렇게 귀엽고 재미있는 친구들이 우리 곁에 있을까 싶어 감사와 행복의 웃음이 지어지곤 합니다.

마냥 귀여울 것 같은 우리 학생들이 학교에서 배우는 신앙 교육 및 교과 수업과 더불어, 미디어 수업, 생명(性) 교육, 인격 교육 등을 들으며 하나님의 눈으로 세상을 바라보고자 고민하고 노력하는 모습을 보면 참 대견스럽습니다. 학교에서 배운 내용을 적용하는 아이들의 모습, 즉, 답을 찾는 배움이 아닌 삶으로 이어지는 배움으로 성장하는 아이들의 모습을 볼 때 교사인 저도 배우고 깨닫는 부분이 많습니다. 오늘 QT 본문 말씀을 머리로만 이해하지 않고 주신 말씀을 하루 동안 어떻게 적용할지 고민하는 아이들은, 친구가 질문을 하면 귀찮았지만 오늘은 친절히 알려 주겠다며 수학 문제를 알려주고, 부모님의 회사에 성경구절을 인쇄하여 붙여드려 말씀의 힘을 드리고, 동생에게 화를 냈다가도 '예수님이라면 어떻게 하실까?'를 떠올리며 먼저 용서를 구하는 적용을 실천합니다.

또한, 미디어 교육, 성교육을 한 후에는 세상의 잘못된 가치관에 능동적으로 반응하고 올바르게 행동하는 우리 아이들입니다. 뉴스나, 책, 기사 등에서 분별할 내용이 나오면 먼저 찾아내고 이를 진리의 눈으로 바라보고자 노력합니다. 하나님의 말씀에 민감성을 가지고 이 세상을 살아가는 아이들의 이러한 모습이 바로 살아 숨 쉬는 학교의 모습이 아닌가 싶습니다.


## 매년 이렇게 새롭다니


저는 제가 2년 차, 3년 차가 되면 그래도 이전 해보다는 나아질 줄 알았습니다. 하지만 학교는 어쩜 이리 매년 새로울 수 있을까요. 첫해 때는 제가 계란이었다면, 2년 차 때는 계란에서 부화하고, 3년 차 때는 병아리 정도는 될 줄 알았는데, 3년 차가 된 지금도 아직 계란에서 부리 정도 나온 느낌입니다. 아이들을 마주할수록 제가 당연시 여겼던 많은 영역이 아이들에게는 당연하지 않음을 알았고, 그만

큼 많은 교과 연구와 공부가 필요함을 느낍니다. 더불어 기독교 대
안교육은 단순히 교과 지식만 가르치는 것도 아니고, 그렇다고 예수
님에 대한 얘기만 하는 교육도 아닙니다. 교과 안에 하나님의 창조
질서와 인간으로 인한 타락, 그러나 다시 회복하시는 구속의 역사가
스며들며, 자신의 삶에 적용되는 교육이 되어야 한다는 책임이 있습
니다.

더불어 한 아이를 양육한다는 것이 정말 큰 책임과 고민이 있는
것임을 해가 거듭될수록 더 실감하게 됩니다. 아직 가정을 이루어보
지 않아 부모님처럼 누군가에게 전적인 사랑을 준 경험이 없는 저
는, 교사가 된 후로, 아이를 키우면서 느끼시는 부모님의 희로애락
을 조금씩 알아가고 있고, 아이의 시선으로만 바라보던 세상을 부모
님의 시선으로도 보는 연습을 하
고 있습니다. 특히 교사로서 책임
이 있다는 것은 한 아이의 학습적
인 부분뿐 아니라 전인격적인 성
장을 위해 영성, 인성, 지성을 모
두 고려하고 다루는 것이라 생각
합니다. 그러다 보니 무거운 책임

으로 느껴질 때가 있었고, 제가 이 자리에 있기에는 아직 부족하다는 생각이 많이 들었습니다. 아직은 가야 할 길이, 성장할 길이 많이 남아있지만, 그만큼 처음에 주신 출애굽기 말씀을 붙잡으며 예수님께 온전히 맡기고 내어드리는 연습을 함께할 수 있음에 감사합니다.

## 귀한 동역자 주심에 감사

세 겹줄은 쉽게 끊어지지 아니하리라 하신 말씀처럼, 저에게는 든든한 동역자가 있습니다. 예수님을 중심에 두고 같은 방향성과 시선으로 학생들과 교육을 바라보는 동역자 선생님들은 어디서도 저의 능력과 힘으로 얻게 되는 만남과 관계가 아님을 시간이 갈수록 느낍니다. 한 아이를 보면서 같이 웃고, 울고, 격려하는 우리 선생님들은, 같이 휴식을 취할 때에도, 퇴근 후 티타임을 가질 때에도 대화 주제는 자연스럽게 아이들과 교육 이야기로 흘러갑니다. 대화를 마치고 집에 돌아갈 때 우리의 대화들을 떠올리면, 서로 슬며시 웃으며 "뼛속까지 선생님인가 봅니다" 하는 말로 대화를 마치곤 합니다.

수년간 아이들을 가르치고 교육을 위해 고민해 오신 선배 선생님들부터 같은 동기 선생님들까지 모든 분에게 배울 점이 있고 모든 분이 대단해 보입니다. 하나님께서 선생님들 각자마다 달란트를 주셔서 이렇게 조화롭게 하나님의 일을 할 수 있게 하심에 매번 놀랍니다. 아이가 부모를 닮듯이, 학교의 학생 공동체도 교사 공동체를 닮는 듯합니다. 그만큼 교사는 아이들에게 큰 영향력을 미칩니다. 그렇기에 교사는 소명 없이는 하기 힘든 자리인 듯싶습니다. 경제력을 바라지도, 사회적 지위를 바라지도 않으며 오직 '하나님'과 '한 명의 학생'을 바라보며 묵묵히 주신 일을 감당해 나가는 이 자리가 과분하기도 하면서 매일이 뜻깊습니다.

코로나19로 인해 우리 아이들도, 교사도 많은 변화를 겪고 있고 때론 지치고 때로는 어렵기도 한 시기를 보내고 있습니다. 하지만 그 안에서 하나님이 주시는 메시지에 귀 기울이고 그 뜻에 순종하며 나가는 시기임을 깨닫습니다.

아이들을 직접 보고 싶지만 컴퓨터를 통해 만나야 하고, 시끌벅적해야 하는 학교가 조용하며, 인터넷 수업이 점점 쉽지는 않다고 느껴지는 이 상황이 안타깝고 아쉬움이 크기도 합니다. 하지만 아쉬움이 크다는 것은, 아이들이 학교에 오고 싶어 하는 마음이 크다는 것을, 교사가 학생들을 보고 싶어 하는 마음이 크다는 것을, 학교가 생명력 있게 움직이길 원한다는 우리 모두의 바람과 소망을 반증하는 것 같습니다.

　매번 아름다운 학교의 모습만 있는 것은 물론 아닙니다. 때로는 훈계도 해야 하고 사람과 사람 사이의 감정적인 부분도 생기며 크고 작은 오해들이 생기기도 합니다. 그럼에도 불구하고 "그때는 이해가 안 됐는데, 지금은 그게 사랑임을 알겠어요. 정이 많으신 분이더라고요!" 하며 마치 넉넉한 마음을 가진 할아버지, 할머니처럼 말하는 우리 아이들이 귀엽기도 하고 고맙기도 합니다. 하지만 인간적인 사랑으로는 아이들에게 온전한 사랑을 매일같이 주기에는 어려움이 있음을 고백합니다. 그만큼 기독 교사는 인간으로서 한계가 있기에 하나님의 사랑을 매일 공급받고, 하나님의 일하심을 매일 붙잡아야 하는 자리인 듯합니다. 예수님께서 우리의 눈높이에 맞게, 인내와 정직과 성실로 마땅히 가르쳐주실 것을 가르쳐주신 것처럼 저도 예수님을 닮아가는, 영글어 가는 교사가 되길 소망합니다.


　오늘은 또 어떤 일과 또 어떤 새로움이 있을까 하는 기대감과 떨리는 마음을 가지고 "예수님 오늘도 제 생각과 마음과 입술을 주관해 주세요." 두 손 꼭 모아 기도하며 하루를 시작합니다. 무엇보다 설렘이 가득한 오늘, 자라나는 새싹들과 예수님의 숨결이 느껴지는 학교생활을 시작합니다.

# 학교 농경지 탐구생활
### 조혜진(이랑학교 교사)

## 이랑학교 실습시간

이랑학교의 교훈은 '하나님과 이웃과 흙을 사랑하자'입니다. 이 교훈을 따라 학교에서는 하나님을 섬기고 공동체 생활을 하면서 이웃을 사랑하는 법을 배워 갑니다. 또한, 자연 속에서 계절을 따라 씨를 뿌리고 가꾸면서 흙(자연)을 사랑하는 법을 배웁니다.

오늘날, 사람들은 이웃과는 점점 단절된 채로, 우리가 사는 자연환경을 훼손하며 자기의 유익과 편함을 추구하며 살아가고 있습니다. 어린 시절부터 흙(자연)과 떨어져 자란 아이들은 흙을 더럽게 여기고 벌레를 무서워하며 '먹기(또는 살기)' 위해 땀 흘리는 수고를 알지 못합니다. 일하면서 함께 돕고 협동해야 할 덕목은 자본주의의

경쟁 구도 사회 속에서 빛바래고 있습니다. 이런 사회에서는 서로 사랑하고 나를 희생하며 남을 섬기는 삶의 모습을 실현하기가 어렵습니다.

그러므로 이랑학교에서는 땀 흘리는 수고와 서로 도와가는 협동의 가치를 경험할 수 있는 노작 교육을 통해 실제적인 나눔과 섬김의 삶을 가르치고자 합니다.

우리가 땀 흘리며 일해야 하는 이유는 분명합니다. 기독교인이라면 단순히 세상의 가치를 따라 돈을 벌기 위해서, 이 세상에서 잘 먹고 잘살기 위해서가 아니라고 말할 수 있어야 합니다.

첫째로, 우리는 이 세상을 창조하시고 지금까지 이 세상을 운영하며 일하시는 하나님을 본받아, 그리고 그 명령을 따라 일해야 합니다.

매일 아침 해가 뜨고 바람이 불며 때를 따라 싹이 나고 열매 맺는 식물들은 모두 성실하게 일하시는 하나님의 작품입니다. 믿는 자에게나 믿지 않는 자에게나 동일하게 주어지는 하나님의 은혜를 바라보며 우리도 성실하게 주어진 삶 속에서 맡겨진 일들을 해야 하는 것입니다. 세상에는 많은 일이 있지만, 자연을 접하며 씨 뿌리고 거두며 땀 흘리는 노동을 통해 자연의 섭리를 몸소 배울 수 있고, 또

자연 앞에서조차 마음대로 할 수 없는 인간의 나약함을 느끼며 결국에는 자연 만물을 다스리는 하나님을 바라보게 됩니다. 그렇기에 노작 교육을 통해 하나님의 일하심을 생생하게 보고 느끼며 우리도 겸손한 마음으로 일하게 됩니다.

둘째로, 생육하고 번성하며, 다스리라고 하신 하나님의 말씀을 따라 일해야 합니다.

다스리라고 하는 말씀은 곧 자연에서 경작하고 가꾸며 일구라는 의미를 포함합니다. 좀 더 넓은 의미로 이야기하자면 곧 '일하는 것(다스리는 것)'은 '예배하는 것'입니다. 하나님이 사람을 만든 목적은, 하나님의 형상을 따라 지은 피조물들이 주님 앞에 예배하고 영광 받기를 원하셨기 때문입니다. 정해진 예배 시간만 예배를 드리는 것이 아니라, 땀 흘리고 일하며 공부하는 모든 삶 속에서 하나님께 성실하게 예배드리는 것, 우리의 삶 자체가 하나님께 영광 돌려지기를 원하시는 것입니다.

그런 의미에서 노작 교육은 지식만 배우고 암기하는 교실에서 나와 실제로 몸을 움직이며 일하고 생명을 다루어보는, 다스린다는 의미를 배울 수 있는 첫걸음이라고 생각합니다. 노동이 곧 기도하는 것이고 예배하는 것입니다.

셋째로, 눈으로만 보는 말씀, 머리로만 아는 말씀이 아니라 현장에서 일하며 생생하게 하나님의 말씀을 깨닫고 실현할 수 있기 때문입니다.

실제로 학생들과 실습시간에 일하다 보면 성경의 여러 말씀을 나누게 됩니다. 포도나무 비유나 대목에 접붙인 가지의 비유, 들의 핀 백합화 등 성경에 나오는 말씀들은 우리와 멀리 있는 어떤 막연한 것이 아니라 주변에 가까이 있고 실제로 경험할 수 있는 것으로 생생하게 다가옵니다.

아담이 죄를 짓고 에덴동산에서 쫓겨나와 땀 흘리며 일해야 먹고 살 수 있을 것이라는 말씀도 실습시간을 통해 마음 깊이 묵상할 수 있습니다. 밭을 갈아엎기 위해 삽으로 땅을 파다가 땀을 뻘뻘 흘리며 일이 이렇게 힘든 줄 몰랐다고 투정을 부리는 학생들 앞에서 죄를 짓고 타락하여 더 이상 하나님과 교제할 수 없는 고통으로 평생 흙을 파며 후회했을 아담을 생각해보라고 합니다. 인간의 원죄와 그로 인한 하나님의 형벌을, 우리는 미약하나마 실습시간을 통해 떠올리게 됩니다. 그러나 그런데도 때를 따라 내리시는 햇빛과 비, 바람으로 늘 은혜를 주시는 하나님의 사랑을 우리는 또한 알 수 있습니다.

또한, 친구들, 선후배와 함께 일하는 시간을 통해 '나' 혼자만의 영역에서 '이웃'의 영역을 확장하며 나아가 '이웃 사랑'의 구체적인 실천이 이루어지도록 돕습니다. 특히 논밭에서는 혼자서 일할 수 없습니다. 아무리 머리가 좋아도, 아무리 힘이 세도 각자의 역할이 필요한 곳에 쓰이며 협동해야만 합니다. 자신을 낮추고 남을 돌아보는 자세를 갖추지 않으면 안 되는 것입니다.

그 밖에도 노작 교육을 통해 얻을 수 있는 것이 참 많이 있습니다. 육체적 노동을 통하여 얻을 수 있는 정신적 성장, 인내와 끈기의 훈련, 몸과 마음의 건강, 나를 둘러싸고 있는 환경의 인식 등이 모두 교실에서 배울 수 없는 소중한 가치들입니다.

## 실습시간 들여다보기

이랑학교는 학교 곳곳에 작은 텃밭들이 자리를 잡고 있습니다. 학교 식당에 자급자족할 만한 규모는 아니지만, 계절에 따라 여러 가지 작물의 씨를 뿌리고 거두며 제철에 나는 채소가 무엇이 있는지, 또 어떤 모양으로 자라는지 충분히 관찰하고 경험할 수 있도록 합니다. 요즘 대부분 학생은 자신이 먹는 음식이 어떻게 자라고 어떻게 식탁까지 오는지에 대한 과정을 잘 알지 못합니다. 그 과정에서 거치는 많은 사람의 수고와 은혜를 느끼지 못하는 것도 당연하지요. 한국 사회가 풍요롭고 편하게 살 수 있게 된 것이 얼마 되지 않았는데 점점 우리가 누리고 있는 것에 감사하고 소중히 여기기보다 낭비하고 쉽게 버리는 생활이 당연시되는 것이 안타깝습니다. 실습 시간에 밭에서 직접 거둬 온 시금치를 무치고, 감자를 삶아 반찬이나 간식으로 나누면 아이들은 자신들이 직접 기르고 거두어 낸 수확물들을 감사함으로 먹습니다. 또한, 옆 마을 농부이신 장로님의 도움으로 위탁(?) 논농사를 지으며 전교생이 일 년에 한 번씩 논에 들어가 손 모내기를 합니다. 허리를 굽혔다 폈다 하면서 땅에 모를 심고 옆 사람을 도와주며 쌀 한 톨 얻기가 이렇게 어렵고 힘든지 아이들은 저마다 몸으로 느끼며 그동안 남겼던 밥에 대한 미안한 마음도 갖게 됩니다.

전문적인 농업인을 양성하는 목적이 아니기에 그 일의 강도나 규모는 작고 미미하지만, 아이들이 이 시간을 통하여 얻는 생각과 느낌은 훗날 커서 그들의 일생 가운데 나누며 헌신하는 삶으로 나타날 수 있는 영향력이 있다고 생각합니다.

처음 밭에서 일을 해보는 아이들은 그야말로 가관입니다. 밭에서 하는 일들이 전부 익숙하지 않으니 준비하는 과정도 늘 힘이 듭니다. 복장, 도구 사용, 일의 목적과 순서 모두 뒤죽박죽이고 교실에서 일단 나왔다 싶으니 해방감에 고삐 풀린 망아지마냥 이리 뛰고 저리 뛰고 친구들과 장난하느라 정신이 없습니다. 그런 아이들에게 생명의 신비, 성장과 결실, 조심하는 마음, 옆 사람 살피며 돕는 미덕 등등의 가치들을 아무리 떠들어도 처음에는 무슨 말인지도 잘 모릅니다. 함께 일하며 그 시간을 보내는 저도 처음에는 '가르치기'에 급급했지만, 시간이 지나야 자라고 열매 맺는 작물들처럼 저도 아이들이 이 실습시간을 통해 자라나길 기다려야겠다는 생각을 가지고 밭 위에 섭니다.

흙을 만지며, 벌레를 가까이서 보며, 또 작물을 가꾸며 아이들은 장난처럼 지나가는 것 같아도 보고 느끼고 있습니다. 밭 한 번 갈아본다고 농사를 다 지을 수는 없지만, 실습시간을 통해 땀 흘려 경험한 것들을 소중한 자산으로 기억하여 나를 둘러싸고 있는 자연과 함께 살아가는 이웃을 돌아볼 수 있는 감수성을 가진다면 더없이 값진 열매를 맺는 것일 테니까요.

## 실습시간을 통해 자라나는 아이들

학생들은 실습시간이 끝나면 실습시간에 일하며 배운 내용과 느낀 점들을 실습 일지에 기록합니다. 단순히 그저 체험으로 끝나는 것이 아니라 이 시간을 통해 일의 과정을 순서대로 정리하여 글로 써보고 힘들었거나 흥미로웠던 경험을 통해 느꼈던 자기 생각을 구체적으로 표현하면서 좀 더 깊이 있는 사고를 할 수 있도록 합니다. 실습 과정을 그림으로 그리는 친구들도 있고 농부들을 다시 보게 되었다며 '노동'의 가치를 가벼이 여겼던 자신을 반성하는 친구들도 있습니다. 밭에서나 교실에서나 건강하게 아이들이 성장해가는 모습을 보는 것이 보람된 일 중의 하나입니다.


2011. 06. 03.

최 지 은

평소와 다름없이 아침 체조, 구보를 하고 8시 20분에 식당에서 예배를 드렸다. 이랑 아이들 모두 소풍 가는 것처럼, 놀러 가는 것 같은 분위기로 모두 들떠 신이 나 있었는데 목사님께서 설교를 통해서 우리가 하는 이 일이 얼마나 귀한 것을 깨닫는 시간인지에 대해 설교해 주셨다.

예배를 마치고 모두 부귀면 장로님 댁에 도착했다. 바로 신발과 양말을 벗고 설명을 들은 뒤 우리는 모 한판씩을 받아 논으로 들어갔다. 으~ 발에 닿는 진흙 느낌이 묘했지만, 더 기분 이상한 건 발에 꼬물거리는 느낌이었다. 그렇게 일렬로 서서 모를 5~6가닥씩 떼어서 두 손가락으로 쑥! 심으면 되는 아주 간단한 일이었지만 그것을 몇 십 분 하다 보니 허리도 끊어질 것 같고, 다리에 힘도 풀리고 거머리가 나와서 내 살을 뜯는 것 같고 돌에 다리가 찍혀 아프고 밀짚모자는 바람에 날려 훌러덩훌러덩 제구실도 못하고 힘들고 짜증이 막 나려던 찰나, 간식 시간이 왔다. 빵과 음료수가 평소보다 맛있었던 것은 말할 것도 없다.

다시 논에 들어가서 마무리까지 정말 힘들었지만 다 하고 올라와 내려다보니 이앙기로 심은 것처럼 예쁘고 가지런히 심어진 것은 아니지만 삐뚤빼뚤해도 열심히 한 흔적이 보여 뿌듯했다. 우리가 농사를 망치는 것은 아닌지 죄송해서라도 열심히 한 것 같다.

점심으로 장로님과 권사님이 준비해 주신 고기뿐만 아니라 밥과 찌개, 잡채 등을 맛있게 먹었는데 우리가 방금 그렇게 힘들게 모를 심고 왔어도 몇몇 학생은 밥을 남기고 소중히 여기지 않는 모습에 화나기도 하고 속도 상하고 나는 안 그래야지 하고 생각했다.

점심을 먹고 쉬는 시간에는 각 반끼리 재미있는 시간을 보내고 쉬다가 고추밭으로 가서 고추 지주 박고 세우는 일을 했다. 고추 4~5 개 사이에 지주를 하나씩 박았다. 여자들이 날라주면 남자들이 망치로 박았는데 나는 잡아주다가 나무 각목으로 손을 맞기도 했다. 그런데 나 말고도 지주를 박던 남자아이들의 손에 물집이 잡히고 긁혀서 피가 나는데도 당연하듯 여겨서 참 대단하고 철이 좀 든 것 같았다.

일꾼이 많아서 그런지 일이 꽤 빨리 끝나서 학교에 돌아와 세탁하고 샤워를 하고 쉬는 그 시간이 정말 말 그대로 꿀맛 같았다.

오늘 정말 몸은 힘들고 지치고 여기저기 상처투성이가 됐지만, 감히 내색할 수 없었던 이유는 농부들은 오늘 우리가 잠깐 했던 일들을 종일, 매일, 평생을 해 오셨기 때문이다. 쌀이 만들어지기까지 농부는 논에 여든네 번을 들어가야 한다는 목사님 말씀처럼 지금 우리가 먹는 이 밥이 그저 거저 지어진 쌀이 아닌 농부의 여든네 번의 땀방울로 이루어진 귀한 쌀임을 잊지 않고 쌀 한 톨도 남김없이 감사히 먹어야겠다.

# 삶을 위한 이야기
## 김은혜(이야기학교 교사)

혜화동 성벽을 따라 언덕 끝에 보이는 십자가를 보면서 숨을 헐떡거리며 올라가면 지금 이곳이 도심 한복판이 아닌 것 같은 착각을 불러일으키는 아이들의 뛰어노는 모습을 마주한다. 교회 마당을 놀이터 삼아 뛰어다니며 웃고 떠드는 아이들의 소리가 언덕에 울린다. 높은 건물과 많은 차들이 누비고 다니는 도시 한복판에서 그리 멀지도 않은 이곳은 마치 산과 들로 뛰어다니는 마을 같은 느낌이 드는 곳, 이야기학교다.

## 첫 만남의 충격

하얀 눈이 내리던 겨울, 이야기학교를 만났다. 많은 학교가 그렇듯이 학기말 평가가 있는 기간부터 함께한다는 것은 쉽지 않은 일이다. 모두가 바빠서 새로운 이에게 상세하게 안내해주기는 어렵다는 것이다. 이 기간은 처음 이야기학교를 왔을 때부터 9년이 지난 지금까지도 크게 달라지지 않았다.

이야기학교가 학기말에 유독 바쁠 수밖에 없는 이유가 있다. 바로 평가 때문이다. 내가 처음 만난 이야기학교의 평가는 보통의 평가와는 달랐다. 자기 자신을 스스로 평가하고, 친구가 평가해주고, 가정과 교회에서 아이들의 모습을 듣고, 교과목 선생님들이 아이들을 본 한 학기의 모습을 모두 종합한다. 그리고 교장 선생님, 선생님들과 함께 대화를 나눈다.

충격적인 장면이었다. 1:1 대화도 아닌 여러 선생님과의 대화라니! 내가 경험한 대학교 입학 면접과 비슷한 장면이었다.

초임 교사인 나는 참관하며 아이들을 관찰했다. 들어오는 아이들마다 떨며 들어왔다. 그렇지만 들어와서 아이들은 자기 생각을 이야기했다. 친구와 있었던 갈등에서 힘든 마음을 터놓으며 눈물을 흘리기도 했다. 그리고 다음 학기를 위해서 어떤 부분을 노력해야 하는지를 들으며 약속을 한다.


이야기학교가 궁금해졌다.

'어른들 앞에서 저렇게 자기 생각과 마음을 잘 드러낼 수 있을까?'

'어떻게 해야 저렇게 아이들의 이야기를 이끌어낼 수 있을까?'

그로부터 벌써 9년의 시간이 흘렀다. 그동안 학교 곳곳에 숨어 있었던 비결을 찾았다. 그리고 나는 지금까지 그 비결을 정교하게 다듬어가고 있다.

## 이야기를 하고, 이야기를 듣는 학교

월요일 아침, 1학년부터 6학년까지 한 그룹, 7학년부터 12학년까지 한 그룹. 두 그룹은 각각 주어진 공간에서 넓게 원으로 둘러앉아 이야기를 나눈다. 그 원 중간중간에는 선생님도 앉아 있다.

"지난 주말에 즐거웠던 일 하나씩 이야기해보자."

이번 주 진행하는 선생님이 던진 질문에 아이들은 지난주 금요일부터 학교에 오기 전까지 있었던 즐거운 일을 차근차근 머릿속으로 정리해보고 있다. 그리고 자기의 대답을 준비하고 있다. 누군가부터 시작이 되면 이 이야기에 대해서 자기의 이야기를 한 사람도 빠짐없이 해야 한다는 것을 아이들은 알고 있다. 그래서 특별한 이벤트가 없었던 일상이었을지라도 즐거웠던 순간들을 찾아내서 이야기할 준비를 한다.

"가족들이랑 외식을 했는데 너무 맛있었어요."

"전 집에서 쉬는 게 즐거웠어요."

모두가 대답하고 모두의 이야기를 듣는다. 자신감이 없어서 목소리가 작은 친구의 이야기도 귀를 기울여 들어야 한다. 이렇게 쌓이는 서로에 대한 이야기들은 다른 이들을 알아가고 이해하며 공동체성을 만들 뿐만 아니라, 여러 사람 앞에서 자신의 이야기를 하는 좋은 연습의 자리가 된다.

사소한 일상의 이야기만 공유하는 것이 아니다. 금요일 종례 전에도 동일하게 모여 앉아서 이번 주의 나의 모습을 돌아보고, 공동체 구성원을 칭찬하기도 하고 다듬어져야 할 부분도 찾아 이야기한다.

이야기학교 안에는 아이들이 자신의 이야기를 할 수 있는 문화가 있다. 모두가 자신의 이야기를 하는 것과 다른 사람의 이야기에 집중하고 들어주어야 하는 존중의 문화

가 이야기학교 안에 있다. 친구, 선후배, 선생님 모두가 상호 간의 존중을 바탕으로 서로의 생각과 마음을 들어 주는 것은 학교 곳곳에서 볼 수 있다. 모두의 이야기가 살아 있다.

매일 아침 하나님의 말씀을 들으며 하나님의 이야기를 듣는다. 그리고 그 말씀을 내 삶과 세상에 어떻게 적용할지 수업과 삶의 현장의 배움을 통해서 이야기를 만들어간다.

## 나를 발견하고 만들어가는 이야기

사회 수업에서 7학년은 『왜 세계의 절반은 굶주릴까?』라는 책을 읽고 쓰는 에세이를 제출했다. 아이들이 제출한 글에 피드백을 해 주며 아이들은 책을 통해 느꼈으면 하는 것보다 더욱 책의 내용을 공감하고 잘 풀어낸 것을 발견했다. 빈곤과 기아 문제가 아이들의 마음에 절실하게 와 닿았고, 그것은 공감에 그치지 않고 아이들의 삶으로 다시 돌아가는 것을 볼 수 있었다.

음식을 남기지 않아야겠다는 사소한 실천도 있었고, 환경을 보호해야겠다는 다짐도 있었다. 그 안에는 약육강식의 논리로 움직이는 사회 구조의 문제에 대한 낙담도 있었지만 아이들은 세상의 회복을 고민하고 있었다. 하나님의 나라, 세상의 회복을 위한 고민이 아이들 안에 자리를 잡고 있는 것을 볼 수 있다.

아이들은 나는 무엇을 해야 할까를 고민한다. 어떤 삶의 이야기를 만들어갈지에 대한 고민이 아이들 안에 있다. 그 고민은 내가 누구인지를 아는 것부터 시작한다. 내가 누구인지 아는 것은 자기성찰로부터 출발한다. 그래서 이야기학교 아이들은 매주 금요일마다 스스로에게 피드백을 한다.

"이번 주 저의 따뜻한 피드백은 점심시간에 산책을 많이 한 것이고요. 차가운 피드백은 11시에 자기로 했는데 늦게 잔 것입니다."

아이들은 여러 자리에서 자기 자신에 대해 들으며 자기 자신을 알아간다. 낯선 곳으로의 여행캠프 안에서 다른 사람과 함께 지내고 때로는 부딪히며 자신의 한계를 만나기도 하고 공동체 안에서 자기 자신을 발견한다. 때때로 갑작스럽게 아이들이 묻기도 한다.

"선생님이 보시기에 제 장점은 뭐가 있어요?"

"너는 다른 사람들을 편하게 해주는 것 같아."

선생님들과 친구들의 이야기를 귀담아 들으며 자신에 대해 알아간다.

한 학기를 마치며 면담 평가의 자리에서 아이들은 가장 먼저 '이번 학기의 내 모습'을 이야기한다. 그리고 여러 선생님께서 보신 내 모습을 듣는다. 하나님과의 관계에서, 주변 사람들과의 관계에서,

나 자신과의 관계에서, 그리고 사회와의 관계에서의 어떤 모습이었는지를 듣는다. 아이들은 그 자리에서 자기에 대해서 다시 돌아보고 왜 그러했는지를 생각해본다. 선생님들이 마치 한 목소리로 말하는 것 같이 아이에 대해서 이야기한다. 그 이야기는 현재의 자신을 돌아보게 하는 중요한 진단이다.

현재의 모습에서 앞으로 성장을 위하여 어떻게 해야 할지 함께 이야기한다. 어느 정도 할 수 있을지, 어떤 도움이 필요한지 스스로 이야기한다. 그런 아이들을 위해서 선생님도 어떻게 도와줄지 함께 고민하고 약속한다. 면담 평가의 자리는 그 아이 모습 그대로 존중하며 성장을 위해 함께 돕고자 하는 마음이 담겨 있다.

학교 공동체 안에서 그렇게 아이들은 자신을 알아간다. 하나님이 각자에게 부여해주신 각각의 모습을 발견하고, 받아들인다. 그렇다면 나는 앞으로 어떻게 삶을 살아갈 것인지에 대한 고민으로 이어진다.


## 평화를 누리고 만들어가는 삶을 위하여

'어떤 삶을 살 것인가?'

아이들뿐만 아니라 어른들에게도 그리고 그리스도인으로서도 중요한 질문이다. 어떤 직업이 아닌 삶을 고민하게 하는 것이 학교 안에 있다. 아이들 한 명 한 명의 모습이 다르듯 앞으로 살아갈 삶에 대해 모두가 여러 모양을 고민한다. 평화를 만들고 누리면서 살아야 하는 삶을 고민한다.

7학년부터 12학년 아이들은 매주 월요일 저녁마다 다양한 직업의 현장에서 일하시는 어른들의 삶의 이야기를 듣는다. 다양한 직업 세계에 대해서 구체적으로 들을 뿐만 아니라 기독교인으로 어떻게 살아가시는지 듣는다. 다양한 어른들의 삶의 이야기는 아이들에게 좋은 교과서가 되어준다. 여행에서 아이들에게 격려해 주시는 어른들, 사회적 기업을 운영하며 좋은 가치를 실현하기 위해 애쓰는 어른들을 만나며 삶을 어떻게 살아가는 것이 그리스도인으로 올바른 것인지에 대한 생각을 정리해 나간다.


학교에서 하는 다양한 경험은 하나님 나라를 만들어가는 것을 고민하게 하고, 직접 해보게 한다. 지역사회가 교실이 되어 현장에서 배운다. 배울 뿐만 아니라 사회를 위해 행동을 하나하나씩 하고 있다. 숲 체험으로 떠난 공원에서 자연을 만나며 거닐며 노는 중에도 쓰레기를 주우며 환경을 위한 일들을 한다. 지역의 독서 문화를 위해서 다양한 어른들과 만나 토론을 하고 책을 선정하고, 지역의

축제에도 봉사하며 사회의 일들에 참여한다. 이런 경험이 아이들 안에 차곡차곡 쌓여서 아이들 삶에 의미를 만들어가길 소망한다.

"이야기학교가 나에게 준 것은 하나님께서 주신 달란트를 찾은 거예요. 제 내면에 있던 것들을 보며 나 자신을 알게 되었어요."

"이야기학교는 저를 더 이끌어주고 어떻게 살아갈지 방향성을 알려주는 길잡이가 되어주셔서 감사한 학교예요."

졸업하기 전 12학년의 마지막 면담 평가에서 나누는 아이들의 이야기는 학교가 해야 할 역할에 대한 1차 보고서를 받는 기분이다. 하나님 나라를 만들어가는 교육은 졸업 후 학교 밖으로 나가는 삶을 위해 필요하다. 그 준비를 하게 만드는 것이 학교가 하는 일이리라. 면담 평가에서 자신에 대한 이야기를 하던 아이들이 졸업 후 세상에 나아가 하나님 나라를 만들어가는 이야기에 참여하여 각자의 이야기를 만들어가기를 기대하며 오늘도 이야기학교는 이야기를 듣고, 말하고, 만들어간다.

# 하루를 가득 채운 행복 그리고 감사
송지선(헤이븐기독학교 교사)

"아! 교내에서 하다니…."

"그래도 하루 신나게 놀 수 있잖아."

"그래, 뭐하고 놀지 얘기해 보자."

"런닝맨 어때? 아! 꼬리잡기할까?"

교내 여행이 결정된 날 쉬는 시간에 교실에 와 보니 아이들 재잘거리는 소리가 들렸습니다. 6학년 담임을 맡고 저 역시 잔뜩 기대했던 것이 바로 '6학년 여행'이었습니다. 헤이븐기독학교는 6학년이 되면 1박 2일로 여행을 갑니다. 반 친구들 전체가 가는 여행은 처음인지라 모두들 기대하고 또 기대하지요. 그런데 코로나로 인해 여행을 가지 못하게 되자 아이들이 너무 실망했습니다. 할 수 없이 교내에서 종일토록 추억을 만들기로 결정하고, 무엇을 하며 놀지 정했습니다.

드디어 그날이 왔습니다. 한껏 들뜬 얼굴로 교실에 모였습니다. 어느 때보다도 훨씬 은혜로운 QT 시간을 열어 주시니 시작부터 하나님께 감사가 넘쳤습니다. 그 사이 주차장 한편에서는 상추를 씻고 숯불구이 준비가 한창입니다. 교장 선생님과 오피스 선생님들께서 기쁜 마음으로 섬겨 주셨지요. 아이들과 함께 바비큐 파티장으로 이동했습니다. 방역 수칙을 지켜야 하기 때문에 모여서 웃고 떠들면서 먹지는 못하지만, 사랑과 정성의 숯불구이 돼지고기는 그 어느 때보다 꿀맛이었습니다. 맛있게 먹으면서도 서로에게 말없이 행복의 눈짓과 미소를 보내는 모습들이 하나같이 예뻤습니다. 마치 '코로나도 우리의 우정은 갈라놓을 수 없어!'라고 말하는 것 같아 짠한 마음이

들기도 했습니다. 배불리 먹고 잠시 쉬는 시간! 삼삼오오 모여 이야기꽃을 피웁니다. 여자아이, 남자아이 할 것 없이 어울리며 행복한 마음들이 교실을 가득 채웁니다.

두 번째 순서는 보물찾기입니다. 많이 찾은 친구는 '홈워크 패스'를 받게 되지요. 아이들에게는 최고의 선물입니다. 이번 순서는 사회 선생님과 체육 선생님이 도와주셨습니다. 어떤 것은 빤히 보이는 곳에 숨기기도 하고 또 어떤 것은 누구도 예상할 수 없는 곳에 숨기기도 하셨지요. 하나씩 찾아낼 때마다 숨기신 선생님들의 기발함이 빛을 발하곤 했습니다. 시작하자마자 가는 곳곳마다 보물을 찾아내는 한 아이가 있었는데, 모두가 넋을 놓고 그 아이가 찾는 것을 보기만 했습니다.

"와~! 또 찾았어? 진짜 대단하다."

여기저기서 탄성이 나옵니다. 거의 독점 수준이었지요. 하지만 시간이 흐르자 다른 아이들도 소리칩니다.

"나도 찾았다!"

"우와! 여기에 숨기시다니! 정말 기발해."

"야! 어디 있어, 어디 있어?"

신나게 떠들면서 보물을 찾습니다. 보물찾기가 끝난 뒤에 아이들과 모여 소감을 들어보았습니다. 한 아이가 찬양이 떠오른다며 불렀습니다.

"그 보석 발견한 사람은 기뻐 뛰며 집에 돌아가~~"

보석이 무엇일지 물으니 "예수님!" 하고 대답합니다. 저는 뿌듯하기도 하고 뭉클하기도 했습니다. 세상이 줄 수 없는 기쁨과 만족이 그리스도 안에 있음을 이야기하고 보물찾기 시간을 마무리했습니다. 너희들이 예수님을 인격적으로 만날 때 기뻐 뛰게 될 것을 기대한다고, 그때 선생님 꼭 찾아와 달라고 함께 기뻐하자고도 말했습니다. 그날을 기대하니 마음이 벅차오릅니다.

모두들 칸막이가 설치된 식당으로 내려가 학부모님들이 준비해 주신 간식을 먹었습니다. 사랑과 정성으로 에너지를 충전하고 드디어 오늘의 하이라이트! 런닝맨 시간이 되었습니다. 안전 수칙을 알려주고 팀의 리더들이 스티커를 미리 준비해 붙여 주니 긴장감이 맴돌았습니다. 저와 체육 선생님, 에스더 선생님도 참여하여 아이들과 같이 뛰었습니다. TV에서 볼 때보다 훨씬 더 재미있었습니다. 반 아이들과 자주 뛰어 놀긴 했지만, 런닝맨은 정말 신났습니다. 아이들도 마찬가지였습니다. 우리는 몰래 숨어 있다가 상대 팀이라도 만나면 전속력으로 도망을 쳤습니다.

"앗! 선생님! 거기 가시면 안 돼요!"

"야! 조심해!"

"그래, 거기야! 이런! 아니야, 아니야! 빨리 도망가!"


한 번은 한 아이가 벽에 등을 딱 붙인 채 다니는 저를 보더니 선생님 정말 최선을 다하신다며 농담 섞인 말을 하곤 즐거워했습니다. 또래보다 덩치가 큰 어떤 아이는 저를 도와준다며 자기 뒤에 숨으라고도 했습니다. 방역과 안전 수칙을 지켜야 하기에 조심스럽게 해야 했지만, 스티커를 떼고 지키기 위해 어찌나 열심히들 노는지 시간 가는 줄도 몰랐습니다. 그 시간에 아이들은 친구들과 그리고 선생님들과 함께 행복한 추억을 만들었습니다.


정리를 하고 돌아가는 시간이 왔습니다.

"선생님, 오늘 정말 최고였어요."

"엄마! 학교생활 통틀어 오늘이 제일 재미있는 하루였어요."

돌아가는 길에 아이들이 남긴 후기는 저를 행복하게 했습니다. 코로나 상황 때문에 맘껏 뛰어놀 수 없는 아이들을 향한 안타까운 마음으로 준비했고, 할 수 있는 한 아이들과 같이 신나게 놀아주리라 다짐했던 하루였기에, 아이들이 행복해하니 저는 그것으로 됐다고 생각했습니다.

정리하고 집에 오니 이미 날이 어두워졌습니다. 쏟아지는 감사와 행복의 후기를 보면서 하나님 앞에 감사를 드렸습니다. 어찌 보면 그리 대단하지도 않은 일입니다. 그러나 하나님께서는 작은 것에 기쁨을 주셨고, 하나 됨에 행복을 주셨습니다.

이제 6학년 아이들이 한 학기를 더 하면 중학생이 되어 저의 품을 떠납니다. 2학년부터 국어를 가르치며 5년여 동안 함께했고, 담임을 맡으며 더 깊은 정을 쌓게 된 이 아이들이 더없이 소중하고 특별하게 느껴집니다. 이 아이들을 품고 기도하는 교사로 부르신 주님께 감사합니다. 저를 통해 제 안에 계신 주님이 우리 아이들을 위해 하실 일들을 기대합니다. 사랑하는 헤이븐 아이들과 함께 저도 날마다 어린아이처럼 살아가길 꿈꿔 봅니다.

# 사랑의 빛과
# 사랑의 빚

기대연 정책위원회 팀장 이인희

"사람은 무엇으로 사는가?"

러시아의 대문호인 톨스토이의 물음입니다. 톨스토이는 그 물음에 '사랑'이라고 답하고 있습니다.

누군가 지금 살아 있다는 것은 결국 과거의 누군가의 사랑을 먹었기 때문입니다. 누군가의 헌신적인 사랑과 희생적인 사랑이 없었다면 그 누구도 살아갈 수 없는 것입니다.

이 책 역시 수많은 분들의 헌신적이고 희생적인 사랑의 결과물에 불과합니다.

이 책은 '사랑의 빚'으로 만들어졌습니다. 따라서 이 책을 마무리하는 이 시점이 제게는 '사랑의 빚'을 '사랑의 빛'으로 흘려보내야 하는 출발점으로 인식됩니다.

다시 한번 사랑의 빛을 비춰주신 기대연 정책위원회 분들과 책이 나올 수 있도록 마음을 모아주신 기대연 소속 학교 관계자 및 예영커뮤니케이션 출판사 분들에게 깊은 감사를 표하고 그 빛들을 모아 주신 하나님께 모든 영광을 돌립니다.

생명력이 넘치는
## 기독대안학교
이야기